Armin Scheider

DIE SCHÖNSTEN AUSFLUGSZIELE

SO FEIERT BAYERN

Feste, Bräuche und Märkte in Oberbayern

J. BERG

Inhalt

Heimisches Brauchtum von Neujahr bis Ostern

Wenn Gebirgsschützen in Oberbayern ihre Feste feiern, sind meist auch befreundete Schützenkompanien aus Tirol dabei, wie hier beim 23. Bataillonsfest des Inn-Chiemgaus 2007 in Rosenheim.

Auch im Fasching werden alte Bräuche gepflegt, wie beim berühmten »Maschkeragehen« in Mittenwald, wo besonders ausdrucksstarke und teils sehr alte Masken zu sehen sind.

Festanlässe im Frühjahr und Sommer

Die Bedeutung von Brauchtumsveranstaltungen kommt auch durch Teilnahme von Spitzenpolitikern zum Ausdruck, wie hier beim Lammauftrieb in Mörnsheim 2007, wo der damalige bayerische Innenminister und heutige Ministerpräsident Dr. Günther Beckstein als Schäfer in Originaltracht aufgetreten war.

Wird ein Maibaum im Alpenvorland aufgestellt, ist es oft Brauch, dass beim Transport des Baumes ins Dorf Mädchen und Burschen auf dem Stamm sitzen, wie hier in der Gemeinde Eggstätt im Chiemgau.

Wie's im Herbst und Advent Tradition ist

Bei Festumzügen und Prozessionen anlässlich von Brauchtumsveranstaltungen werden oft Standbilder von Heiligen mitgetragen, wie hier die Statue der Schmerzhaften Muttergottes bei der Stummen Prozession in Vilgertshofen 2007.

Einführung

Bräuche, also überlieferte Gewohnheiten unserer Vorfahren, erfüllen auch heute noch eine wichtige kulturelle und soziale Aufgabe. Sie fördern nicht nur das Zugehörigkeitsgefühl zu einer Gemeinschaft und stärken ihre besondere Wesensart, sie binden auch an christliche Religion und Heimat, denn fast jede Brauchtumsveranstaltung hat ja einen kirchlichen oder heimatlichen Bezug. Schon daraus wird klar, dass es bei dem hier erörterten Thema um ernsthaftes Brauchtum geht und nicht um folkloristische Aktivitäten.

In Bayern und vor allem in Oberbayern wird Brauchtumspflege groß geschrieben. So groß, dass die Veranstaltungskalender der Städte und Dörfer überquellen vor Brauchtumsanlässen. Wer im Frühjahr und Sommer hinausfährt übers Land, muss bisweilen den Eindruck gewinnen, als feiere die gesamte Region. In jedem zweiten Dorf, so will es scheinen, findet gerade ein Umzug, ein Dorffest oder ein Markt statt und stets versammeln sich dort massenhaft Zuschauer. Alte Traditionen fortzuführen heißt eben nicht nur, Volksfrömmigkeit und Heimatliebe zu pflegen, sondern auch der Lebensfreude Ausdruck zu geben, also die Anlässe auch zu feiern. Und so gibt es wohl kaum ein Brauchtumsfest, und sei es noch so erhaben, das nicht im Wirtshaus oder Bierzelt endet.

Eines der berühmtesten und prachtvollsten Brauchtumsfeste in Oberbayern ist der Georgiritt in Traunstein am Ostermontag. Im Bild empfängt der Hl. Georg hoch zu Ross den kirchlichen Segen am Ettendorfer Kircherl.

Diesem allgegenwärtigen Brauchtumsgeschehen ist das vorliegende Buch gewidmet. Freilich nicht in der Weise, dass alle bekannten Bräuche aufgezählt werden. Ihre Vielzahl würde den Rahmen des Buches bei Weitem sprengen. Also war eine Auswahl zu treffen, sozusagen ein repräsentativer Querschnitt durch den Kalender des oberbayerischen Brauchtums. Dabei mussten einige Kriterien berücksichtigt werden. Vertreten sein sollten die berühmten Kirchenfeste ebenso wie Heimat- und Dorffeste, aber auch Traditionsmärkte, Faschings-, Berg- und Adventsbräuche sowie Theater- und Musikveranstaltungen. Des Weiteren ging es darum, nicht nur Feste mit großem Namen, wie etwa die Tölzer Leonhardifahrt, aufzunehmen, sondern auch verborgene und weniger bekannte Bräuche und Traditionen ins Licht zu rücken. Schließlich bestimmte auch das Alter der Bräuche die Auswahl. Naturgemäß liegen den meisten Bräuchen alte oder sehr alte Wurzeln zugrunde. Einige davon sind jedoch erst vor wenigen Jahren entstanden, werden aber so anspruchsvoll dargeboten, dass sie sich vermutlich bald in die Reihe der etablierten Veranstaltungen einordnen können.

Quellenangaben.
Die Texte in diesem Buch stützen sich im Wesentlichen auf Zahlen, Daten, Fakten und Wertungen aus Internetbeiträgen. Es handelt sich um Websites insbesondere der betroffenen Städte und Dörfer, aber auch von Brauchtumsvereinen, Lexika wie de.wikipedia.org und Freizeitportalen sowie von Presse und Rundfunk. Bei jedem Ausflug sind die genutzten Quellen angegeben. Sie dienen auch dazu, den Leser auf fortführende Informationen hinzuweisen.
Weitere Literaturquellen: Georg Dehio: Handbuch der Deutschen Kunstdenkmäler, München und Oberbayern, Deutscher Kunstverlag, 1990; Oberbaierischer Fest-Täg und Alte-Bräuch-Kalender 2007, Raab-Verlag, Iffeldorf; Albert Bichler: Wie's in Bayern der Brauch ist, Verlag Berg & Tal Heinrich Bauregger, München, 2006; Judith Kumpfmüller, Dorothea Steinbacher: Das bayerische Brauchtumsjahr, Verlag Wilhelm Heyne, München, 2005.

Der Kirchtag in Schliersee ist ein sehr intimer Brauch. Geschmückte Boote rudern von Fischhausen über den See und laufen in die Bucht von Schliersee ein, wo sie vom Bürgermeister empfangen werden.

Insgesamt kam so eine Sammlung von gut 50 Anlässen heraus, sozusagen »Brauchtumsklassiker« in Oberbayern, die in 40 Ausflugsvorschläge verpackt sind. Bei jedem Ausflug wird der historische Hintergrund beleuchtet und der Ablauf der Veranstaltung geschildert, sodass man bereits mit Vorkenntnissen in die Veranstaltungsorte kommt. Die Ausflugsziele liegen allesamt im Regierungsbezirk Oberbayern, angefangen vom Lech im Westen bis ins Berchtesgadener Land und dem Rupertiwinkel im Osten sowie vom Werdenfelser Land im Süden hinauf in den hohen oberbayerischen Norden bis ins Altmühltal. Zeitlich orientiert sich die Ausflugsreihe am Ablauf des Kalenderjahres.

Karten-Legende

Autobahnen	S P Bhf – S-Bahn-Station, Parkplatz, Bahnhof
Hauptstraßen	Schloss/Burg, Burgruine
Verbindungsstraßen	Kirche, Kloster, Museum
Nebenstraßen	Besonderer Anziehungspunkt
Schotter-/Asphaltwege	Aussichtspunkt, Berg/Anhöhe, Moor
Eisenbahn	NSG – Wildgehege, Naturschutzgebiet
Empfohlene Route/Richtung	Gasthof, Gebäude, Alm
Grenze zu Österreich	A E – Anfangs-/Endpunkt von Routen
	BLVA – Bayerisches Landesvermessungsamt

Aber Brauchtum hat nicht nur eine Schokoladenseite! Durch den massenhaften Zulauf von Besuchern droht nämlich die Gefahr, dass Ursprünglichkeit und Originalität der Bräuche Schaden nehmen und manches Fest zu einem reinen Zuschauerspektakel verkommt, bisweilen begleitet von Alkoholexzessen und anderen unschönen Erscheinungen. Und doch sind und bleiben Zuschauer ein lebensnotwendiger Teil des Brauchtums. Nicht nur, weil die meisten Besucher ehrlich interessiert sind und die Brauchtumsveranstaltung als Erlebnis empfinden, sie bekunden den Brauchtumsverantwortlichen und Akteuren auch, dass sich die oft monatelange Vorbereitung auf das Fest gelohnt hat, dass ihr Tun sinnvoll und wichtig ist und den Menschen viel Freude bereitet. Entscheidend ist, dass die Brauchtumsvereine ihre Bräuche in der überlieferten Form beibehalten und nicht auf Bedürfnisse von Zuschauern oder Touristikverantwortlichen ausrichten.

Über 80 geschmückte und bemalte Festwägen, einer schöner als der andere und alle besetzt mit feschen Abordnungen, sind an der Tölzer Leonhardifahrt beteiligt und fahren hoch zur Leonhardskapelle auf dem Kalvarienberg, wo Mensch und Tier gesegnet werden.

Heimisches Brauchtum von Neujahr bis Ostern

Winterliche Idylle auf dem Jasberg bei Holzkirchen

1 Dreikönigsritt in Arget

■ **Anfahrt München:** Auto A995/B13 über Sauerlach bis Ortsteil Arget
Bahn S5 bis Sauerlach, ab dort Fußweg (ca. 4 km) nach Arget
■ **Einkehr:** Gasthof Schmuck in Arget, Biergarten, kein Ruhetag

Datum	Uhrzeit	Ort	InfoTel.
Alljährlich am 06. Januar (Dreikönigstag)	Gottesdienst 9 Uhr Umritt 10 Uhr Dauer ca. 1 Std.	Kirche St. Michael in Arget (Ortsteil von Sauerlach)	0 81 04 / 66 46-0 (Gemeinde Sauerlach)

Quellen		
	SZ-Bericht vom 08.01.07 Bericht Merkur vom 08.01.07	www.sauerlach.de Bericht des Ortschronisten H. Berthold

Wenn auch (noch) nicht so bekannt, sehenswert ist der urwüchsige und schlichte Dreikönigsritt in Arget allemal. Er lässt erkennen, dass er um seiner selbst willen gepflegt wird und nicht zum Gaudium der Zuschauer. Seine Reiter strahlen tiefen Ernst aus und sind sichtbar stolz darüber, dabei sein zu dürfen.

Bedeutung des Umritts. Ein Argeter Pferdeliebhaber war es, der Anfang der 1990er-Jahre in Arget einen Umritt ins Auge gefasst und ihn am 6. Januar 1994 erstmals auch ausgerichtet hat. Schon damals nahmen rund 85 Pferde und an die 200 Zuschauer teil. Seit nun fast 15 Jahren gepflegt, besitzt dieser Brauch zwar noch keine gewachsene Tradition, fügt sich aber, wie der Argeter Ortschronist meint, mittlerweile fest in das christliche Brauchtumsgeschehen im südlichen Landkreis Münchens ein. Ein Grund dafür ist sicher, dass der Umritt bodenständig angelegt ist und bis heute auf Schnörkel und übertriebenen Putz verzichtet. Er ist ein Akt tiefer bäuerlicher Frömmigkeit und wird als solcher auch von den Zuschauern wahrgenommen.

Dreikönigsritt 2007: Sternsinger wirken bei der Messe in der Pfarrkirche St. Michael mit und tragen besinnliche Weisen vor.

Ablauf. Auftakt des Dreikönigstages ist ein Festgottesdienst, der in der barocken Pfarrkirche St. Michael stattfindet und von einer Gruppe Sternsinger mitge-

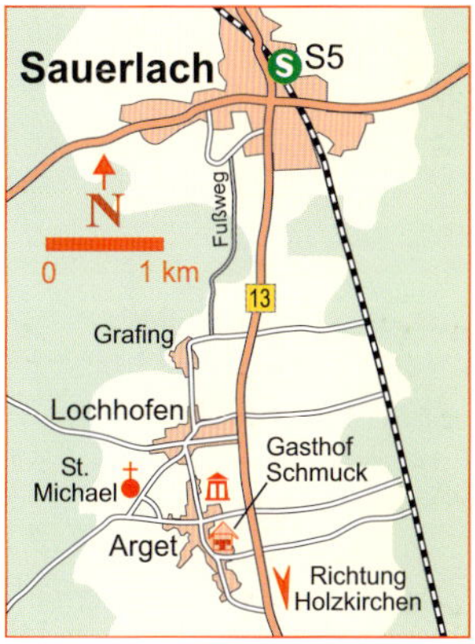

Dreikönigsritt 2002 – die Pferdefreunde Waakirchen mit Standarte, beim Argeter Umritt in Treue stets dabei.

staltet wird. Während des Gottesdienstes nehmen die rund 100 Reiter mit ihren Haflingern, Kaltblütlern oder Ponys Aufstellung vor der Kirche. Sie kommen vorwiegend aus den Landkreisen München, Bad-Tölz/Wolfratshausen und Miesbach. Dann, gegen 10 Uhr, tritt der Pfarrer, begleitet von Sternsingern und den Argeter Blechbläsern vor den Eingang und beginnt unter den getragenen Weisen der Kapelle mit der Segnung der Reiter und Pferde. Dreimal ziehen die Teilnehmer nach einer Schleife durch die angrenzenden Flure am Pfarrer vorbei. Wie bei anderen Umritten auch, soll der kirchliche Segen »Ungemach« von Tier und Mensch fernhalten.

Besonders stimmungsvoll zeigt sich der Umritt natürlich in verschneiter Landschaft. Doch Petrus lässt nicht mit sich reden und so muss man das Wetter nehmen, wie es kommt. Aber auch graue Wolken und selbst Nieselregen, wie 2007, können dem rustikalen Bild und ländlichen Charme des Dreikönigsrittes nicht viel anhaben.

Zuschauer, die schon während des Umritts Hunger oder Durst verspüren, stärken sich vor dem Trachtenheim mit Weißwürsten oder Glühwein. Nach dem Umritt erfüllt dann der Landgasthof Schmuck auch ausgefallenere Wünsche, wenn sich Reiter und Zuschauer dort treffen, um den Dreikönigsritt nachzufeiern.

Dreikönigsritt 2003 – Nach der Messe segnet der Pfarrer mehrmals Reiter und Pferd, wie hier einen der Heiligen Drei Könige aus dem Morgenland.

2 Schnablerrennen in Gaißach

■ **Anfahrt München:**
Auto B11 oder B13 bis Tölz, dann über Gaißach nach Lehen (siehe Karte); Behelfsparkplätze vor Ort
Bahn Mehrmals täglich München-Tölz, Fahrzeit ca. 50 Min. Ab Bahnhof Fußweg über Gaißacher Straße nach Gaißach und weiter bis Lehen (ca. 3 km)
■ **Einkehr:** Gaißach: Gasthof Müllerbräu, Mo/Di Ruhetage
Bad Tölz: Gasthof Kolberbräu, kein Ruhetag

Datum	Uhrzeit	Ort	InfoTel.
Alljährlich am 3. So. im Januar (bei Schneemangel jeweils folgender So bis Mitte Feb.)	Beginn 13 Uhr, Dauer ca. 1–2 Std.	Gaißach bei Bad Tölz, Lehener Berg (siehe Karte)	0 80 42 / 9 87 76 (Gaißacher Schnabler- und Schlittenrennen e.V.)
Quellen	www.schnabler.de; www.rodelfuehrer.de; www.toelz-online.de/schnabler; www.gaissach.de; www.leonart-online.de		

Tausende von Zuschauern bejubeln die waghalsigen Schlittenpiloten, die sich alljährlich vom Lehener Berg herunterstürzen mit dem unbändigen Willen, Schnellster zu werden oder den weitesten Sprung am Zielhang zu schaffen. Eine echte Faschingsgaudi mit Tradition!

Entstehung des Rennens. Junge Burschen in den Bergen und im Vorland sind von jeher auf der Suche nach Nervenkitzel – etwa bei einer kühnen Skiabfahrt oder einem riskanter Gipfelaufstieg. Darum ging es wohl auch im Jahr 1928, als ein paar wilde Kerle unbedingt wissen wollten, wer mit dem Schnabler die rund 1500 Meter lange Abfahrt von der Schwaigeralm (1123 m) in den Talgrund (ca. 680 m) am schnellsten zurücklegt. Wie die Wette ausging, ist nicht von Belang, wohl aber der damalige Beschluss, das Rennen fortan jährlich abzuhalten. Und so hat sich dieser Wettbewerb bis heute zu einem der bekanntesten und urwüchsigsten Bräuche des Oberlandes entwickelt.

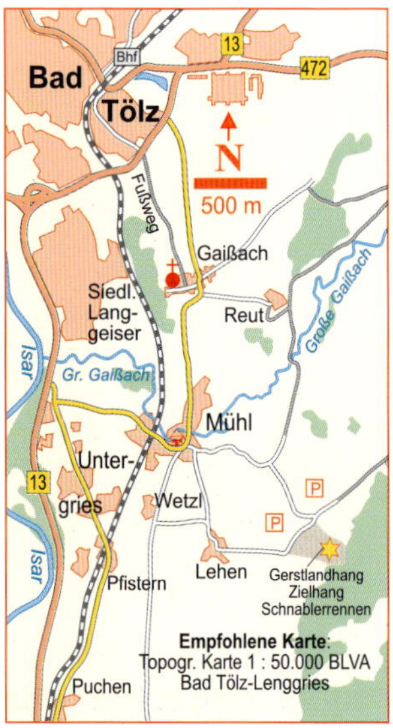

Reglement. An den Start gehen bis zu 50 einsitzige Schlitten mit Mädchen und Buben und rund ebenso viele zweisitzige Schnabler mit Männern. Schnabler sind traditionelle Hörnerschlitten aus Holz, die keine Lenk- oder Bremsvorrichtung besitzen und früher als Transportmittel für Holz und Heu dienten. Das Reglement besagt, dass als Schlittenpiloten nur Einheimische zuzulassen sind, Beifahrer dagegen können Auswärtige sein. Streng geachtet wird auch darauf, dass an der althergebrachten Bauweise des Hornschlittens absolut nichts zum eigenen Vorteil verändert wird. Im Übrigen tragen viele Teilnehmer des Rennens Faschingskostüme. Es gibt drei Wertungsklassen: die jeweils Zeitschnellsten bei Schlitten und Schnablern sowie eine Extrawertung für die weitesten Sprünge der Schnabler am Zielhang.

»Landeanflug« eines schweren Hornschlittens auf dem Zielhang bei höchster Anspannung der Piloten.

Rennverlauf. Der obere Teil der Strecke ab der Schwaigeralm verläuft durch Wald und auf Zieh- und Hohlwegen, ist also von den Zuschauern im Tal nicht einzusehen. Dann aber schießen die Gefährte aus dem Wald und überqueren im oberen Teil des Zielhangs mit unverminderter Geschwindigkeit eine Naturschanze: der Höhepunkt des ganzen Rennens! Unter dem Gejohle der Zuschauer werden die schweren Hornschlitten bis zu 20 Meter hinauskatapultiert, mitunter fast zur Rekordmarke von 25 Metern aus dem Jahr 1981. Nicht selten geraten sie dabei in Schieflage, manche fangen sich wieder, andere aber bauen mehr oder minder spektakuläre Stürze, bei denen oft nicht nur der Schlitten zu Bruch geht, sondern auch die Fahrer Blessuren erleiden.

Schließlich ist das Rennen vorüber und nun ziehen Fahrer, Funktionäre, Dorfbewohner und Besucher in den Ortsteil Gaißach/Mühl und feiern das Rennen im Gasthaus Mühle, aber nur, wenn nichts Ernsthaftes passiert ist. Abends um 21 Uhr schließlich wird das Geheimnis gelüftet und bekannt gegeben, wer die Sieger sind. Die eigentliche Siegerehrung aber findet erst am Faschingssamstag statt.

Das Gaißacher Schnablerrennen ist ja eine Faschingsveranstaltung. Dementsprechend fantasievoll sind auch die »Rennanzüge« der Schlittenbesatzung.

3 Neuburger Donauschwimmen

■ **Anfahrt München:** Auto A8 bis AS Manching, dann B16 bis Neuburg (ca. 110 km) Bahn Regelmäßige Verbindungen München-Ingolstadt (U)-Neuburg, Fahrzeit 1 bis 2 Std. je nach Zugart
■ **Einkehr:** Gasthof Zur Blauen Traube, Terrasse, kein Ruhetag

Datum	Uhrzeit	Ort	InfoTel.
Alljährlich an einem Samstag Ende Januar	Beginn 13 Uhr, Dauer ca. 1–2 Std.	Neuburg an der Donau; Start an der Staustufe Bittenbrunn	0 84 31 / 55 24-0 (TouristInfo Neuburg); 0 84 31 / 44 55 4 (Wasserwacht)
Quellen	Presseberichte der Neuburger Rundschau 2006/2007; www.neuburg.de; www.wasserwacht-neuburg.de		

Was als Härteübung einiger Wasserwachtler begann, ist heute angeblich das bedeutendste Winterschwimmen Europas und zudem einer der größten schwimmenden Faschingszüge überhaupt. Nach dem Startschuss bevölkern lustig aufgemachte Faschingsboote und viele Hunderte hart gesottener Männer und Frauen die eisige Donau.

Hintergrund und Hergang. Es waren Mitglieder der Neuburger Wasserwacht, die 1969 anregten, auch im Winter ins Wasser zu gehen, um Körper und Kondition zu stählen. Am 24. Januar 1970 fand dann das erste Donauschwimmen statt, mit ganzen acht Teilnehmern und unbeachtet von der Öffentlichkeit. Das hat sich grundlegend geändert: Heute verfolgen bis zu 10 000 Schaulustige das Geschehen, wenn eineinhalb bis zweitausend Schwimmer aus Deutschland und Nachbarstaaten, davon rund ein Viertel Frauen, an den Start gehen.

Die »Eisbären« unter den Winterschwimmern, nur mit Badehose bekleidet, entsteigen der Donau, wo sie es bei Temperaturen um null Grad nur ganz kurz ausgehalten haben.

Im Teilnehmerfeld gibt es eine Handvoll so genannter »Eisbären«, die nur Badehose tragen und deshalb auch nur wenige Minuten im eisigen Wasser bleiben können. Die meisten Teilnehmer sind dagegen in isolierte Schutzanzüge gepackt, müssen dafür aber auch ab Staustufe Bittenbrunn vier Kilometer zum Donaukai in Neuburg zurücklegen, wo sie nach ca. 45 Minuten ankommen.
Wie ein Teilnehmer 2007 berichtete, ist auch der Schutzanzug kein Allheilmittel, schon bald werden Zehen taub und

Finger klamm. Die ausgelassene Stimmung am Start weicht im Ringen mit der Kälte. Am Ziel brandet dann aber der Beifall der Zuschauer auf und man schleppt sich an Land, um einen Becher warmer Suppe zu ergattern.

Neuburg im winterlichen Kleid. Bei eisigen Temperaturen legen hart gesottene Winterschwimmer die endlos lange Strecke von der Staustufe nach Neuburg zurück.

Das Spektakel wird von vielen Helfern überwacht, nur vereinzelt müssen unterkühlte Teilnehmer vorzeitig aus dem Wasser. Jedenfalls sollen in den letzten Jahren ernsthafte Zwischenfälle ausgeblieben sein. Manche Gruppen führen selbst gebastelte Schwimmgestelle mit, deren Aufbauten politische Themen aufs Korn nehmen, 2007 etwa die Krise um Ministerpräsident Edmund Stoiber, der Gammelfleischskandal oder das traurige Schicksal des Braunbären »Bruno«. Ist alles überstanden, werden die besten Faschingsideen prämiert, während am Abend rund 1800 Gäste beim Donauschwimmerball tanzen und feiern. 2009 begeht die Veranstaltung ihr 40-jähriges Jubiläum.

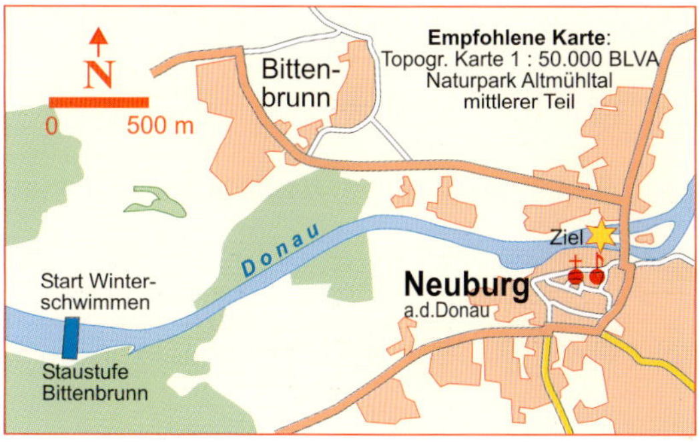

Themen und Personen der Politik werden beim Neuburger Schwimmen gern aufs Korn genommen, wie hier die am Ast sägende Landrätin.

4 »Maschkeragehen« in Mittenwald

■ **Anfahrt München:** Auto B11 über Wolfratshausen-Kochel bis Mittenwald (ca. 100 km) Bahn Regelmäßige Verbindung München-Garmisch-Mittenwald, Fahrzeit knapp 2 Std.
■ **Einkehr:** Gasthof Alpenrose, Terrasse, kein Ruhetag;
Hotel Post, Terrasse, kein Ruhetag

Datum	Uhrzeit	Ort	InfoTel.
Alljährlich am Unsinnigen Donnerstag im Fasching	Beginn 12 Uhr; Dauer ca. 1–2 Std.	Mittenwald Ober- und Untermarkt	0 88 23 / 33 98-1 (TouristInfo Mittenwald)
Quellen	www.mittenwald.de; www.maschkera.de		

Wenn in Mittenwald die Maschkera mit kunstvollen Holzlarven durch die Straßen ziehen und heidnische Rituale darbieten, setzen sie einen der originellsten kleinen Faschingsumzüge Oberbayerns in Szene. Sein traditionelles Ziel: den Winter und die bösen Geister vertreiben.

Traditionsreiche »Fosenacht«. Die »Fosenacht« in Werdenfels ist berühmt für ihre Jahrhunderte alten Bräuche. Vor allem Mittenwald gilt als »Deutschlands Maschkera-Metropole«. Maschkera, also jene heidnischen Gestalten mit furchterregenden Fratzen, haben einen »Ehrenkodex«. Sie dürfen sich nur an bestimmten Tagen öffentlich zeigen, Mittwoch, Freitag und Samstag gelten als »halbheilig« und sind tabu. Ehrensache ist es auch, nicht erkannt zu werden. So wird nur in unverständlichen Lauten »geraunzt« und im Tanzschritt »gestampft«.

Die markanteste Erscheinung des Mittenwalder Faschings: Die Schellenrührer mit Holzmasken und über 40 Pfund schweren Schellen am Rücken.

Ein Kapitel für sich sind die Masken. »Jeder Maschkera trägt eine holzgeschnitzte Larve, die oft Jahrzehnte, ja Jahrhunderte lang im Familienbesitz ist. Von diesen starren, stilisierten Holzgesichtern, die mit ihren kräftigen Farben und den übergroßen Augen … oft so ausdrucksvoll und lebendig sind, geht ein eigentümlicher Zauber aus. Die meisten verraten eine geübte Hand und sind vollendete Kunstwerke.« (Maschkera-Website)

Umzug der Schellenrührer. Schon lange vor dem Zwölfuhrläuten versammeln sich am Obermarkt Tausende von Zuschauern. Kurz nach Mittag setzt sich dann der Umzug von Süden her in Bewegung. Als Erste ziehen die Schellenrührer, angeführt von einem Vortänzer, in rhythmischen Tanzschritten den Obermarkt hinauf. Sie tragen kurze Lederhose mit reich verzierten Hosenträgern, weiße Kniestrümpfe und grünen Hut. Das Gesicht ist von der Holzlarve bedeckt und auf dem Rücken sind schwere Kupferschellen befestigt, die beim Hüpfen aneinanderschlagen und einen scheppernden Klang erzeugen.

Nach den Schellenrührern folgt das »Muiradl«. Weiß kostümierte und vermummte Gestalten schleifen einen Baumstamm über die Straße, an dem zwei Wagenräder so angebracht sind, dass sie sich wie ein kleines Karussell in sich selber drehen, zur Gaudi der Insassen. Nach kurzen Pausen folgen weitere Gruppen, unter anderen der tanzende Bär, die Untersberger Mandl, zwei überdimensionale Kobolde mit riesigen Hüten, die Pfannenzieher und die so genannten Jacklschutzer. Die Stoffpuppe »Jackl«, früher Symbol der Schlosser- und Schmiedezunft, versinnbildlicht heute den Winter. Sie wird von vier Maschkera mittels einer viereckigen Plane nach oben katapultiert, womit der Winter »hinausgeschutzt« wird.

Nach einer knappen Stunde ist das Schauspiel vorüber und rasch füllen sich die anliegenden Wirtshäuser. Dort haben sich in einer wundersamen Metamorphose die heidnischen Schellenrührer und heimischen Jacklschutzer in ganz normale bayerische Mannsbilder verwandelt, die sich an Schweinsbraten und süffigem Bier ergötzen.

Bild oben links: Eines der beiden Untersberger Mandl, ein sympathischer Kobold, beim Mittenwalder Fasching.

Bild oben rechts: Die Jacklschutzer schleudern eine Puppe in die Luft und fangen sie mit einer Plane wieder auf.

Eine kunstvolle Holzmaske mit faszinierender Ausstrahlung. Die Larven sind zum Teil sehr alt und werden wie ein Schatz gehütet.

5 Tanz der Marktweiber und Schäfflertanz

■ **Anfahrt München:**
Auto Anfahrt mit Auto ins Zentrum Münchens nicht empfehlenswert
Bahn Regelmäßige Verbindungen mit dem MVV ins Zentrum Münchens
■ **Einkehr:** Zahlreiche Restaurants, Gasthöfe und Cafés in der Innenstadt

Datum	Uhrzeit	Ort	InfoTel.
Marktweiber alljährlich am Faschingsdienstag; **Schäffler** alle 7 Jahre vom 6.1. bis Faschingsende (zuletzt 2005)	**Marktweibertanz** Beginn 11 Uhr, Dauer ca. 1 Std.; **Schäffler** Auftritte zu allen Tageszeiten	**Marktweiber** auf dem Viktualienmarkt; **Schäffler** in allen Teilen Münchens	0 89 / 233-965 00 (Fremdenverkehrsamt München)
Quellen	www.muenchen-tourist.de; www.faschingsplaner.de;	www.ganz-muenchen.de; www.schaefflertanz.com	

Zwei absolute Attraktionen des Münchner Faschings! Die Marktfrauen des Viktualienmarktes zeigen ihre Tanzkünste jedes Jahr, die Schäffler nur alle sieben Jahre. Beide Bräuche haben eine lange Tradition, der Schäfflertanz reicht sogar ins späte Mittelalter zurück.

Der Marktweibertanz. Schon vor mehr als 100 Jahren sollen die Marktfrauen am Faschingsdienstag auf dem Viktualienmarkt getanzt haben, nur eben von der Bevölkerung weitgehend unbeachtet. Der Tanz wurde mehr oder minder weitergepflegt, war dann in den 1950er-

Wie bei einer farbenprächtigen Operette tanzen die Marktfrauen in ihren Fantasiekostümen über die Bühne.

und 1960er Jahren so etwas wie ein Geheimtipp und erlebte schließlich 1987 seine eigentliche Renaissance. Da nämlich regte eine der Marktfrauen an, eine Bühne auf dem Viktualienmarkt zu errichten und den Tanz dort aufzuführen. Schlagartig war das Interesse einer breiteren Öffentlichkeit geweckt und bald gehörte der Tanz in die Riege der besonders beliebten Brauchtumsveranstaltungen Münchens.

Fasching auf dem Viktualienmarkt – auch Treffpunkt schillernder Figuren, wie dieser exotische Potentat.

Tanzvorbereitungen. Wer da glaubt, die Frauen kämen am Faschingsdienstag und tanzten einfach los, irrt. Was früher spontan passierte, unterliegt heute einer aufwändigen Vorbereitung. Da werden in vielen Arbeitsstunden erst einmal die neuen Kostüme genäht, je origineller und fantasievoller, desto besser. Natürlich tanzt man auch nicht frei weg, sondern vertraut sich den Ideen und Anweisungen eines Tanzlehrers an. Wochenlang vorher werden die Figuren und Schritte einstudiert, bis sie sitzen.

Die große Stunde. Bei strahlendem Frühjahrswetter ist der Viktualienmarkt brechend voll mit Zuschauern, als ein bekannter Diskjockey das Spektakel 2007 mit fetziger Popmusik eröffnet. Es folgen Repräsentanten der Stadt, die nach kurzen Ansprachen die Bühne für die Tänzerinnen freigeben. Sogleich erkennt man die langjährige Routine des Ensembles, die farbenprächtigen Kostüme der Marktfrauen imponieren ebenso wie die Tanzfiguren bei Walzer, Menuett oder Polka. Doch das allein kann es nicht sein. Von dem bunten Schauspiel muss ein geheimnisvoller Reiz, eine besondere Faszination ausgehen, denn wie sonst ist es zu erklären, dass wegen einer Handvoll tanzender Marktfrauen über 10 000 Zuschauer herbeiströmen, dazu diverse Fernsehteams und ein Heer von Pressefotografen. Dem gut gelaunten Publikum jedenfalls hat es bestens gefallen, wie die begeisterten Reaktionen gezeigt haben. Nach etwa einer Stunde ist Schluss mit der Tanzshow, aber keineswegs mit der ausgelassenen Faschingsparty auf dem Viktualienmarkt. Der Alkohol fließt weiter in Strömen, jetzt heißt es Tanzen für alle und die Partymusik dafür liefert Radio Gong 96,3. Sie sorgt bis in den Abend hinein für Riesenstimmung auf dem Viktualienmarkt.

Dass solch attraktive junge Frauen unter der Woche auch Obst am Standl verkaufen, ist nur schwer vorstellbar.

Aufmarsch der Münchner Schäffler beim Brauereitag 2006 in München.

Entwicklung des Schäfflertanzes. Die Zunft der Schäffler, also der Fassmacher, heute übrigens ein aussterbendes Handwerk, hat uns mit ihrem Tanz aus dem Mittelalter einen schönen historischen Brauch erhalten. Er ist allerdings vor düsterem Hintergrund entstanden.

Vom 15. bis zum 17. Jahrhundert wurde München von verheerenden Pestepidemien heimgesucht. So auch 1517. Damals fielen Tausende der Seuche zum Opfer, über den menschenleeren Straßen der Stadt lag der Hauch des Todes und die ausgezehrten Bewohner hatten sich in panischer Angst in ihre Häuser verkrochen.

Als die Epidemie abflaute, war es ein Schäffler, der vorschlug, auf die Straße zu gehen und mit lustigen Vorführungen die Leute wieder aufzumuntern. Und so geschah es dann auch. Als die Schäffler tanzend und musizierend zum Marktplatz zogen, um dort einen Reiftanz aufzuführen, kamen die Bürger aus ihren Häusern, schlossen sich dem Zug an und schöpften wieder neuen Lebensmut.

Wie sich der Schäfflertanz in den folgenden zwei Jahrhunderten weiterentwickelt hat, ist nicht bekannt. Erst 1702 taucht er im Münchner Stadtarchiv auf, wurde in den Jahrzehnten danach mehrfach und ab 1760 schließlich alle sieben Jahre aufgeführt. 1871 gründete man den »Fachverein der Schäffler Münchens«, der von nun an die

7-Jahre-Rhythmus.

Saison für Schäfflertänze ist alle sieben Jahre, in und außerhalb Münchens. Woher die Zahl sieben kommt, weiß man nicht. Sie könnte mit dem früheren Aufflackern der Pest alle sieben Jahre zusammenhängen, oder mit der Sieben als Glückszahl in der Mythologie. Vielleicht hat sie auch nur einen organisatorischen Hintergrund.

Schäfflertänze ausrichtete. Nach einer Zwangspause im 2. Weltkrieg tanzen die Münchner Schäffler seit 1949 wieder alle sieben Jahre.

Strenge Grundsätze. Teilnehmer am Tanz durften früher nur Schäfflergesellen sein, vermutlich auch deshalb, weil sie ihren Hungerlohn etwas aufbessern konnten. Außerdem mussten sie gelernte Schäffler und unverheiratet sein, einen untadeligen Ruf haben und in München wohnen. Heutzutage freilich besteht akuter Nachwuchsmangel, so dass man schon mal auf verheiratete und sogar berufsfremde Tänzer zurückgreifen muss. Neben Tänzern wirken übrigens auch Vortänzer, Fassschläger, Spaßmacher und Reifenschwinger mit.

Schäffler in Altbayern. Als um 1830 Schäffler nach Altbayern hinauszogen, nahmen sie nicht nur ihr Handwerk, sondern auch ihr Brauchtum mit. Und so besitzen neben München auch zahlreiche Orte in Altbayern ihren eigenen Schäfflertanz. Dazu zählen unter anderen Murnau (2013 nächster Tanz; 150-jähr. Jubiläum 2009), Eichstätt (2008), Partenkirchen (2012), Wasserburg (2012), Mühldorf am Inn (2012) und Pfaffenhofen an der Ilm (2012).

Das Münchner **Schäfflerkostüm** stammt von 1872. Es besteht im Wesentlichen aus einer roten Joppe über weißem Hemd und weißer Weste, schwarzer Kniebundhose, weißen Kniestrümpfen und schwarzen Haferlschuhen. Eine grüne Kappe, weiße Handschuhe, ein hochgeschlagener Lederschurz und die rote Schärpe mit Wappen komplettieren das Kostüm. Das Kasperl trägt eine Jacke und Knickerbocker mit bunten Rauten und Kragenüberwurf, dazu einen blauen und roten Kniestrumpf sowie schwarze Haferlschuhe. Was die **Tanzform** angeht, hat sich der einfache Schäfflertanz früherer Tage seit Mitte des 19. Jahrhunderts zu einem künstlerisch anspruchsvollen Reiftanz entwickelt. Zwischen Ein- und Ausmarsch werden Figuren getanzt, wie zum Beispiel Laube, Kreuz, Krone oder Reifenschwung.

Ihren ersten Tanz zu Beginn einer Saison widmen die Schäffler dem Ministerpräsidenten und dem Oberbürgermeister. Danach bestreiten sie mehrere Hundert Auftritte überall in München, auf Straßen und Plätzen, aber auch auf Bestellung bei Firmen und Jubiläen sowie auf Faschingsbällen. Wer nicht jedes Mal sieben Jahre warten will, kann auch unter der Zeit den Schäfflertanz bestaunen: das Glockenspiel im Turm des Neuen Rathauses bringt ihn täglich zur Aufführung.

Auch in Hohenpeißenberg gaben die dortigen Schäffler im Januar 2007 eine Vorstellung.

6 »Grabschaun« im Kloster Höglwörth

■ **Anfahrt München:**
Auto A8 bis Behelfsausfahrt Anger, dann nach Höglwörth (ca. 130 km)
Bahn Anger und Höglwörth ohne Bahnanschluss
■ **Einkehr:** Höglwörth: Klosterwirt, Biergarten, Di Ruhetag

Datum	Uhrzeit	Ort	InfoTel.
Alle drei Jahre am Karfreitag und Ostersamstag, zuletzt 2007	An beiden Tagen jeweils 9–19 Uhr	Höglwörth bei Anger, ehemalige Klosterkirche	0 86 56 / 98 89-22 (TouristInfo Anger)
Quellen	Faltblatt des Vereins zur Erhaltung des Hl. Grabes; www.die-Tagespost.de; www.taz.de/pt/2004/04/10/a376.1/text; www.enzinger-online.de		

Der Aufbau eines »Heiligen Grabes« in der Karwoche ist ein alter religiöser Brauch, der heutzutage wieder vermehrt gepflegt wird. Er stellt die Grablegung Christi dar und ist Ausdruck tief verwurzelter Volksfrömmigkeit. Eines der eindrucksvollsten Heiliggräber in Südbayern wird alle drei Jahre in der Höglwörther Klosterkirche gezeigt.

Traumkulisse in Höglwörth: Auf einer Landzunge des kleinen verträumten Sees sind Klosterkirche und Klosterbauten wirkungsvoll postiert.

Höglwörth einst und heute. Unweit von Anger im Rupertiwinkel erhebt sich an einem kleinen See das einstige Augustinerchorherrenstift Höglwörth, das wohl schon im Mittelalter bestanden hat. Seine Klosterkirche (Neubau ab 1675) und die Klosterbauten (ab 1680) spiegeln sich im Wasser und bieten einen malerischen Anblick. Im Innern besticht die Kirche mit feinem Rokokoschmuck (ab 1765), so Wessobrunner Stuck in Grün-Gold, Fresken und Marmoraltären. Alle drei Jahre am Karfreitag und Karsamstag ändert sich das Bild: dann rückt im abgedunkelten Innenraum das berühmte »Heilige Grab« in den Mittelpunkt des Interesses. Es entstand in seiner heutigen Form im 19., Ursprünge reichen aber bis ins 17. Jahrhundert zurück.

Heiliggräber sind Nachbildungen des Grabes in Jerusalem und haben eine bewegte Vergangenheit hinter sich. Sie können auf Blütezeiten zurückblicken, besonders in der Barockzeit und dann nochmals im 19. und 20. Jahrhundert. Sie hatten aber auch unter Verboten und Geringschätzung (Kitsch!) zu leiden, wie in der Aufklärung und mit den Reformen des Zweiten Vatikanischen Konzils (1962–65). Anhaben konnte ihnen das alles nicht viel. Sie erfreuen sich heute wieder großer Beliebtheit bei den Gläubigen.

Grabbesuch. Das Heilige Grab in Höglwörth zählt zu den imposantesten in Oberbayern. Über 10 000 Besucher eilen jedes Mal herbei, um das Grab zu sehen. Es ist fünf Meter breit, sechs Meter tief und acht Meter hoch und nimmt den ganzen Altarraum ein. Hunderte von Öllampen beleuchten über 80 mit farbigem Wasser gefüllte Glaskugeln und erzeugen flackerndes Licht und intensives Farbenspiel. Im unteren Teil der Grabeshöhle liegt die Christusfigur, darüber dreht sich ein Sonnenrad, das von Engeln umkreist wird und den Himmel des Grabes darstellen soll. Vor dem Grab ein Garten mit Springbrunnen als Abbild des Gartens Gethsemanae in Jerusalem, wo Jesus nach dem Judaskuss festgenommen wurde. Vielleicht entspricht die grellbunte Anlage nicht jedermanns Erwartung von einem Grabbesuch, tiefen Eindruck hinterlässt sie bei den Besuchern allemal.

Neben Höglwörth werden in der Karwoche noch andere Heiliggräber in Oberbayern gezeigt, neu sind unter anderen die in Laufen an der Salzach und Reit im Winkl. Aber auch in und um München wird der alte Brauch gepflegt, so in der Schwabinger Sylvesterkirche, in Weichs, dessen Grab als das prächtigste im Landkreis Dachau gilt oder das schöne Barockgrab im Marienmünster in Dießen, wo zudem die ungemein festliche Rokokoausschmückung den Besucher in Bewunderung versetzt.

Das Hl. Grab in der ehemaligen Klosterkirche Höglwörth. Im Dunkel des Innenraums übt die von farbigen Lichtern illuminierte Grabanlage einen eigenartigen Reiz aus.

7 Georgiritt zum Ettendorfer Kircherl

■ **Anfahrt München:** Auto A8 bis AS Traunstein, dann B306 bis Traunstein (ca. 105 km) Bahn In kurzen Abständen München-Rosenheim-Traunstein, Fahrzeit ca. 1:30 Std.
■ **Einkehr:** Traunstein: Gasthof Schnitzelbaumer, kein Ruhetag

Datum	Uhrzeit	Ort	InfoTel.
Alljährlich am Ostermontag	9.30 und 14 Uhr Schwertertanz; ca. 10–12 Uhr Reiterzug nach Ettendorf und zurück	Stadtplatz Traunstein, Ettendorfer Kircherl	08 61 / 98 69 523 (TouristInfo Traunstein)
Quellen	Faltblatt St.-Georgs-Verein Traunstein; www.traunstein.de; www.sagen.at; www.tittmoning.de; www.blfd.bayern.de		

Der Georgiritt von Traunstein ist eines der prunkvollsten Kirchenfeste Altbayerns. Farbenprächtige Reitergruppen in historischen Trachten ziehen hinauf zum Ettendorfer Kircherl, um dort den Segen zu empfangen. Umrahmt wird der Ritt vom traditionellen Schwertertanz auf dem Traunsteiner Stadtplatz. Weitere namhafte Georgiritte finden unter anderen in Tittmoning und Ascholding statt.

Wahrzeichen des Traunsteiner Georgiritts: das Ettendorfer Kircherl und darunter der Hl. Georg hoch zu Ross.

Historischer Hintergrund. Pferdeumritte sind üblicherweise den Schutzheiligen der Pferde gewidmet, von denen der Segen für die Tiere erbeten wird. Je nach Region gibt es diverse Viehpatrone, so den Heiligen Ulrich, Veit, Stephan und andere mehr. In Altbayern sind es vor allem der Hl. Leonhard mit Jahrestag am 6. November und der Hl. Georg, dessen Patronatstag der 23. April ist. Der berühmtere und bekanntere ist Leonhard, was sich auch in der Vielzahl der Leonhardifahrten in Oberbayern widerspiegelt.

Der **Heilige Georg** lebte um 300 nach Christus, soll Krieger und Ritter gewesen sein und starb wegen seiner Glaubenstreue als Märtyrer. Im Laufe der Jahrhunderte breitete sich sein Ruf aus, er wurde immer beliebter und errang im Mittelalter als Drachentöter große Popularität. Krieger

Dramatisches Finale beim Schwertertanz: Der Frühling in Rot hat den Winter besiegt und kann ins Land einziehen.

und Reitersleute eiferten ihm nach, für Adelsfamilien, Ritterorden und ganze Länder war er Schutzpatron. Einige seiner Wahrzeichen sind das Georgskreuz, ein rotes Kreuz auf weißem Grund, sowie der Drache und die Lanze. Auch vom Bauernstand wird er hoch verehrt, in jüngerer Vergangenheit ist er zudem Schutzheiliger der Pferde, wie in Traunstein, Ruhpolding oder Tittmoning.

Schwertertanz und Reiterzug. 1891 gründeten die Traunsteiner den St.-Georgs-Verein, der sich bis heute für die »Erhaltung und würdige Ausgestaltung« des Georgiritts einsetzt.

Und so ist der Stadtplatz in Traunstein am Ostermontag gegen 9.30 Uhr bereits von einer großen Anzahl von Zuschauern gesäumt, wenn Glockengeläut und Fanfarenstöße ertönen und junge Burschen sich anschicken, den Schwertertanz darzubieten, einen seit 1530 beurkundeten und ab 1926 regelmäßig aufgeführten germanischen Brauch. Hauptakteure sind der Winter in Gestalt zweier Kasperl, der Frühling in knallrotem Gewand und ein gutes Dutzend Tänzer. Musikalisch untermalt werden die Tanzfiguren

Dominierend in Traunstein – bäuerliche Reiterabordnungen mit kunstvoll geschmückten Pferden.

von der Traunsteiner Stadtmusik. Der Winter wird gehetzt, bis er umzingelt und bezwungen ist. Das Spiel ist aus, der Frühling hat die Oberhand behalten und wird von den Tänzern auf einem Schwerterkranz triumphierend emporgehoben.

Nach Ende des Schwertertanzes beginnt am Stadtplatz der prächtige Umzug, der seit 1492 nachweisbar und seit 1762 urkundlich belegt ist. Glockengeläut setzt ein, Fanfaren erklingen und die Reitergruppen setzen sich in Bewegung. Festliche Stimmung macht sich allenthalben breit, nicht umsonst gilt der Umritt in Traunstein als glanzvollstes Ereignis dieser Art im Chiemgau. Nach einer Runde durch die Innenstadt überquert der Zug die Traun und zieht hinauf zur Anhöhe mit dem Ettendorfer Kircherl. Den Weg des aus rund 400 Pferden und einigen Kastenwägen und Kutschen bestehenden Reiterzuges säumen mehrere Zehntausend Zuschauer.

Angeführt wird er vom Herold und Fanfarenbläsern. Es folgen Ritter, Landsknechte in Frundsberger Uniform und römische Soldaten, dazwischen Trommler, Schwerttänzer und Burgfräulein. Eindrucksvoll präsentiert sich auch der Bauernstand aus nah und fern mit seinen prächtig herausgeputzten Rössern, die von Fahnenträgern angeführt werden. Natürlich dürfen auch wichtige Stadtpersönlichkeiten nicht fehlen, sowohl historische, wie der Lindl (siehe Ausflug Lindlsingen), der Eisenritter als einstiger Stadthauptmann und Verteidiger Traunsteins und Hans von Schaumburg, ehemaliger Stadtpfleger, als auch zeitgemäße, wie der Oberbürgermeister, der Landrat und Vertreter des Stadtrats, die in Kutschen mitfahren. Auch die

Edle Pferde, edle Reiterinnen – Burgfräulein auf der Ettendorfer Höhe. Dahinter der Eisenritter, im Hintergrund Traunstein und die Bergkette.

Geistlichkeit hat ihren festen Platz im Zug, so junge Mädchen mit einem Modell des Ettendorfer Kircherls, der Stadtpfarrer, natürlich hoch zu Ross, sowie die Bruderschaft St. Georg. Hauptpersönlichkeit aber ist der Heilige Georg im Schuppenpanzer und leuchtend rotem Umhang, dem ja der Umritt gewidmet ist. Er reitet auf einem Schimmel und trägt stolz die Standarte.

Am Ettendorfer Kircherl erhalten Ross und Reiter den kirchlichen Segen und ziehen dann in die Stadt zurück, wo um 14 Uhr noch einmal der Schwertertanz aufgeführt wird. Nach Ende der Veranstaltung sind sich die Besucher einig, Zeuge eines besonderen Schauspiels geworden zu sein, in dem sich »farbenfrohes Historienspiel, lebendiges Brauchtum und Bekenntnis zum christlichen Glauben« (St.-Georgs-Verein Traunstein) glücklich vereinigt haben.

Bild links: Im Gefolge von Landsknechten reitet Lindl, Ritterfigur und Wahrzeichen der Stadt Traunstein, durch den Jackl-Turm in die Stadt ein.

Georgiritt in Ascholding. Zeitgleich, also auch am Ostermontag, hier von 13–15 Uhr, ist Ascholding nahe Wolfratshausen Schauplatz eines Georgiritts. Das Straßendorf besitzt zahlreiche alte Einfirsthöfe aus dem 17. und 18. Jahrhundert. Der Umritt führt aus dem Dorf zur ein Kilometer südlich gelegenen St. Georgskapelle auf dem Bühel, auch Schimmelkapelle genannt. Der Sage nach soll sich ein Schimmel in dem Kirchlein verirrt und nicht mehr herausgefunden

Bild rechts: Georgiritt am Ostermontag in Ascholding – an der Schimmelkapelle auf dem Bühel erteilt der Dietramszeller Pfarrer den Segen für Ross und Reiter.

haben, so musste er elend verhungern. Im Innern der Kirche sind die bemalte Holzdecke und Darstellungen aus der Georgslegende sehenswert.

Der vor rund 60 Jahren wieder aufgenommene Ascholdinger Georgiritt mit seinen rund hundert Rössern kann sich nicht mit dem Traunsteiner oder Tittmoninger messen, weder an Prachtentfaltung noch an Größe. Gleichwohl rangiert er als Geheimtipp im Brauchtumsgeschehen, ist er doch bodenständig und ursprünglich geblieben und strahlt echte Frömmigkeit aus. Man spürt, dass es den Bauersleuten nicht lästige Pflicht, sondern Herzensanliegen ist, alljährlich diese kleine Pilgerfahrt zur hochgelegenen Schimmelkapelle zu unternehmen.

Blickfang beim Tittmoninger Georgiritt: Auftritt von wunderschönen Friesenpferden mit gänzendem Fell in Reinschwarz und goldverziertem Geschirr. Ihre Markenzeichen: edle Ausstrahlung und viel Charakter.

Tittmoninger Georgiritt. Das farbenprächtige Reiterfest in Tittmoning am letzten Sonntag im April ist ein Höhepunkt im Brauchtumsgeschehen des Rupertiwinkels. Ursprünge gehen bis in die Zeit vor 1635 zurück, im 19. Jahrhundert wird der Umritt für längere Zeit unterbrochen und ab 1921 dann regelmäßig abgehalten. Besonderen Reiz entfaltet der Aufmarsch in der malerischen Altstadt am Stadtplatz, wo die Reitergruppen an den bunten Häuserzeilen im Inn-Salzach-Stil und an eleganten Palais aus vergangenen Jahrhunderten vorbeidefilieren. Über 200 Pferde verschiedener Rassen und eine Reihe von Festwagen und Kutschen sind es, die sich ab 13 Uhr am Stadtplatz aufstellen und um 14 Uhr mit Glockengeläut und Blasmusik in Bewegung setzen. Nach einer Runde durch die Altstadt erscheinen sie noch einmal am Stadtplatz und ziehen dann entlang der B20 rund drei Kilometer zur Georgskirche in Kirchheim hinauf, wo sie gesegnet werden. Danach löst sich der Zug auf, die Gruppen reiten zurück in die Stadt.

Zünftige Blasmusik gehört stets dazu. Hier zieht sie, einen Marsch intonierend, am schmucken Tittmoninger Rathaus von 1712 vorbei.

In der Zugfolge faszinieren Reiter in Tracht oder historischem Gewand ebenso wie die edlen und prächtig herausgeputzten Rösser. Allen voran reitet der Herold. Dahinter stolziert der Heilige Georg im Geleit römischer Reiter, dann folgt die kirchliche Abordnung unter anderem mit Kreuz-, Laternen- und Kerzenträgern, dem Stiftsdekan und einem Wagen mit der Georgsstatue. Bewundernde Ausrufe der Zuschauer erntet eine historische Kutsche, die von vier hochedlen tiefschwarzen Friesenpferden in Goldgeschirr gezogen wird. Sie ist mit Landrat und Bürgermeister besetzt. Aber auch andere Festwagen werden bestaunt, vor allem die mit Miniaturen der Georgs- und der Ponlachkirche, einer mit zahlreichen Traditionsfahnen und mehreren Trachtlerwagen. Kernstück des Zuges aber bilden zahlreiche Reitergruppen aus dem Rupertiwinkel und dem Chiemgau, die ihre Pferde aufwändig herausgeputzt haben und mit ihren stolzen Reitern ein wunderschönes Bild abgeben. Musikalisch untermalt wird der Ritt von Musikkapellen, die im Zug mitfahren oder mitgehen. Wenn zu alledem noch die Sonne scheint, wie 2007, ist der Tittmoninger Georgiritt ein Erlebnis und er ist ein Ereignis, das seinen klangvollen Namen verdient hat.

Die Spitze des Tittmoninger Georgizugs mit Herold und der Gruppe des Hl. Georg erreicht Kirchheim und empfängt dort den Segen.

8 Verabredung zum »Hoagart'n«

■ Anfahrt/Einkehr: Keine Anfahrt- oder Einkehrempfehlung, weil diverse Veranstaltungsorte in Frage kommen

Datum	Uhrzeit	Ort	InfoTel.
Unterschiedliche, nur vereinzelt festliegende Termine	Beginn meist am Abend, Dauer mehrere Stunden	Zahlreiche Veranstaltungsorte in Oberbayern	089 / 82 92 18-0 (Touristikverband München/Obb. e.V.) 089 / 233-26 800 (Kulturreferat München)
Quellen	www.muenchen.de/stadterlebnis/specials; www.sww-muenchen.de/archiv2003/hoagascht		

Hoagart'n, ein Mundartbegriff, bedeutet zwangloses Zusammensein, bei dem Sänger und Musikanten Volksmusik darbieten. Der Brauch wurde schon im Mittelalter gepflegt. Stimmungsvolle Hoagart'n in und um München veranstaltet alljährlich das Münchner Kulturreferat.

Ein Brauch im Wandel. Waren das noch Zeiten! Wenn die Arbeit des Tages getan war, setzten sich Nachbarn und Bekannte des Dorfes bei einer Bauernfamilie zusammen und zelebrierten den Feierabend in gemütlicher Stimmung. Die Frauen strickten und häkelten, die Männer spielten Karten oder animierten mit zünftiger Stubnmusi zum Tanz und ganz nebenbei wurde über die neuesten Ereignisse im Dorf »geratscht«. Während diese Treffs im Sommer vor dem Bauernhaus im Garten stattfanden – von da her auch Hoagart'n in Abwandlung von Heimgarten – verlegte man sie im Winterhalbjahr in die warme Bauernstube, auch »Gunklstubn« genannt. So war neben den Wirtshäusern der Hoagascht schon ab dem 15. Jahrhundert ein Herzstück dörflicher Beziehungen, der später mit Vorliebe in der Adventszeit gepflegt wurde. Die Annalen berichten aber auch, dass Hoagart'n-Treffen der Dorfjugend mitunter zu Ausschreitungen führten und deshalb verboten wurden.

Auch beim Hoagart'n in Trudering dominierten Saiteninstrumente und damit leise Töne und bedächtige Volksweisen.

Doch der Brauch blieb lebendig, hat sich allerdings an die Verhältnisse unserer Zeit angepasst. So ist aus den intimen Zusammenkünften früherer Tage heute ein ungezwungener öffentlicher Treff von Musikantengruppen geworden, ohne Programm, ohne Honorar, alles mehr spontan. Hoagart'n ist übrigens der Begriff, der zwischen Isar und Lech genutzt wird, daneben kursieren unter anderen noch »Hoagascht« im Leitzachtal und »Hoangart'n« zwischen Inn und Salzach.

Beim Hoagart'n. Ein bisschen von der behaglichen Stimmung früherer Zeiten ist auch heute noch zu spüren. Da versammelt sich ein gut gelauntes Publikum, Bekannte, Freunde, Nachbarn, die sich verabredet haben. Essen und Trinken schmecken vorzüglich, man unterhält sich angeregt und erzählt sich die letzten Neuigkeiten. Und wenn dann Sänger und Musikanten in Aktion treten, genießt man die leisen und melodiösen Töne. Die Stücke sind alles andere als volkstümliche »Schnulzen«, geboten wird vielmehr bodenständige Stubnmusi, die mit großem Ernst und tiefer Frömmigkeit vorgetragen wird und das einfache ländliche Leben widerspiegelt. Zwischen den Musikstücken folgen auch mal mundartliche Gedichte und Gschichterln und sorgen für Heiterkeit bei den Zuhörern.

Fazit: Wer johlende Bierseligkeit sucht, ist beim Hoagart'n eindeutig falsch am Platze. Will man aber mit Freunden oder Bekannten einen unterhaltsamen Abend bei gemäßigten Tönen verbringen, ist der Hoagart'n eine gute Empfehlung!

Stimmungsvoll der Hoagart'n in Weßling, wo die Gruppen in Nischen an den Seiten des Saals platziert sind.

Der brechend volle Saal beim Obermaier in Trudering beweist, dass echte Stubnmusi im Kreis von Freunden und Bekannten gefragt ist!

Festanlässe im Frühjahr und Sommer

Rosstag in Rottach-Egern

9 Altes Brauchtum rund um den Maibaum

■ **Anfahrt/Einkehr:**
Keine Anfahrt- oder Einkehrempfehlung, weil die Schauplätze von Jahr zu Jahr wechseln

Datum	Uhrzeit	Ort	InfoTel.
Alljährlich am 1. Mai	keine festliegenden Uhrzeiten	Orte wechseln von Jahr zu Jahr	089 / 82 92 18-0 (Tourismusverband München/Obb.e.V.)
Quellen	www.maibaum-verein.de; www.br-online.de/land-und-leute; www.heimat-bayern.de; www.ganz-muenchen.de		

Das Aufstellen geschmückter Maibäume am 1. Mai ist ein Jahrhunderte alter schöner Brauch in Oberbayern. Er stellt Gemeinschaftssinn, Traditionsbewusstsein und Wohlstand der Dörfer und Städte zur Schau und wird meist von einem Ortsfest oder Maitanz umrahmt.

Bild unten links: Ein prächtiger Maibaum, der von den Brauereien Münchens den Bürgern der Stadt gestiftet wurde, ziert den Viktualienmarkt.

Bild unten rechts: Kunstvoll ist der Maibaum im Ort Schliersee, denn er trägt Bildtafeln eines Kunstmalers, die Szenen aus dem Leben der Dorfbewohner zeigen.

Rückblick. Dass es schon im ausgehenden Mittelalter Maibäume in Bayern gegeben hat, beweist ein 1585 gemaltes Fresko in der Münchner Residenz, das einen Figurenmaibaum in Starnberg zeigt. An Wertschätzung gewinnt der Baum im Rahmen der bayerischen Staatsreformen (18. Jahrhundert), hier artikuliert er Staatsbewusstsein, aber auch Selbstvertrauen und Stolz der Gemeinden und ihrer Bürger. Ab Mitte des 20. Jahrhunderts ist er schließlich nicht mehr aus den Dörfern und Städten wegzudenken.

Der Brauch des Maibaumaufstellens ist freilich keine bayerische »Erfindung«, sondern wurde und wird auch anderswo in Deutschland und Europa gepflegt. Dabei zeigt er viele verschiedene Gesichter und selbst in Oberbayern unterscheidet sich das äußere Erscheinungsbild des Maibaums manchmal von einem Dorf zum anderen.

Vom Baum zum Maibaum. Zuerst wählt die Burschenschaft des Ortes einen geeigneten, sprich mindestens 20–30 Meter hohen und schnurgeraden Baum aus und bereitet ihn für das Maifest vor. Noch im Wald wird er entästet und geschält, im Dorf dann traditionell weiß-blau gestrichen (oder naturbelassen) und mit selbst gebastelten Figuren und Zunfttäfelchen sowie Girlanden und einem Kranz als Krone geschmückt. Mancherorts wird Schmuck auch erst nach dem Aufstellen angebracht.

Aufstellen des Maibaums in Aschau am Fuße der Kampenwand.

In der Zeit bis zum 1. Mai, vor allem aber in der Freinacht davor läuft der Maibaum Gefahr, von Burschen aus den Nachbargemeinden gestohlen zu werden, was kein krimineller Akt, sondern eigener Brauch ist. Es bleibt zwar ein Rätsel, wie ein 30 Meter langer und tonnenschwerer Stamm trotz Bewachung entwendet werden kann, aber es kommt immer wieder vor. Die Burschen aus Unterbrunn im Fünfseenland sollen bereits zahlreiche Maibäume gestohlen haben. Auslösen können die rechtmäßigen Besitzer ihren Maibaum wieder gegen Freibier und Brotzeiten.

Am 1. Mai müssen alle Burschen tatkräftig mithelfen, um den Stamm unter den Kommandos des »Maibaumchefs« mit Muskelkraft und so genannten »Schwaibeln«, also gekreuzten und oben zusammengebundenen Stangen, langsam aufzurichten. Das ist Schwerarbeit! Wenn auch der Ehrenkodex des Dorfes den Einsatz technischer Mittel verbietet, mit den immer höher und schwerer werdenden Maibäumen steigt auch die Unfallgefahr, sodass mancherorts doch auf Kran und Traktor zurückgegriffen wird. Wenn der Baum fest verankert und die weißblaue Fahne aufgezogen ist, intoniert die Dorfkapelle ein Ständchen. Burschenschaft und Zuschauer stärken sich mit Bier und Brotzeit. Der mächtige Stamm mit Kranz und Figurenschmuck hat seinen festen Platz in der Ortsmitte gefunden. Nach drei, spätestens fünf Jahren muss aus Sicherheitsgründen ein neuer Baum errichtet werden.

Der Maibaum in Eicherloh, Kreis Erding, ist gut 50 Meter hoch und über 10 Tonnen schwer und gilt als größter Maibaum der Welt.

10 So feiern die Gebirgsschützen

■ **Anfahrt/Einkehr:** Keine Empfehlungen, weil Veranstaltungsorte jährlich wechseln

Datum	Uhrzeit	Ort	InfoTel.
Patronatstag am 1. Sonntag im Mai; Gaufeste zu verschiedenen Zeiten	Beginn in der Regel Samstagabend; Sonntag ab ca. 9 Uhr	Veranstaltungsorte wechseln jährlich; Patronatstag 2008 in München	TouristInfo des Veranstaltungsortes
Quellen	www.gebirgsschuetzen.org; www.niederaichbach.de; www.br-online.de		

Hauptfest für alle oberbayerischen Gebirgsschützen ist der Patronatstag am ersten Sonntag im Mai zu Ehren der Patrona Bavariae. Außerdem feiert jedes der fünf Bataillone jährlich ein Gaufest. Diese Veranstaltungen bieten farbenprächtige Auftritte, gewähren aber auch Einblick in die inneren Werte der Organisation, wie Heimatverbundenheit, Zusammengehörigkeitsgefühl und Stolz auf die eigene Tradition.

Anfänge im Mittelalter. Im ausgehenden 15. Jahrhundert kamen die bayerischen Herzöge auf die Idee, wehrfähige junge Männer aus Bürgerschaft und Bauernstand zu rekrutieren, um damit bei Kriegsgefahr ihre Heere zu verstärken. Sie nannten diese Reservekräfte für die Heimatverteidigung Landwehr, auch Landfahne oder Landesdefension. Aus ihnen sollten später die Gebirgsschützen hervorgehen.

In den folgenden Jahrhunderten erwies sich die Landwehr wiederholt als wichtige Unterstützung bestehender Heere. Im Dreißigjährigen Krieg gelang es den »Pürgschützen« des Oberlandes, die Schweden zurückzuschlagen. Anfang des 18. Jahrhunderts bewährten sie sich bei Angriffen aus Tirol und stellten sich 1705 an die Spitze eines Aufstandes gegen die österreichische Besatzung, diesmal freilich mit schwersten Verlusten in der Sendlinger Mordweihnacht.

Dr. Edmund Stoiber mit Gattin im Mai 2007 beim Patronatstag in Schliersee. Damals noch amtierender Ministerpräsident Bayerns und damit Schirmherr des Festes, verabschiedete er sich in der Leutnantsuniform der Wolfratshauser Kompanie als Ministerpräsident von den Gebirgsschützen.

Patronatstag in Schliersee 2007. Wenn es draußen »schüttet«, wissen die Gebirgsschützen sich zu helfen: sie verlegen ihre Feier einfach ins Festzelt, ohne sich ihre gute Laune verderben zu lassen.

Knapp 40 Jahre später schlugen die Isarwinkler Schützen die Trenck'schen Panduren in die Flucht.

Dann entsteht das »Corps baierischer Gebirgsschützen«. 1809 endgültig aufgestellt, sollte es vor allem Grenzverletzungen aus Tirol unterbinden. In den Jahrzehnten danach waren es jedoch weniger Kampfhandlungen als mehr protokollarische Anlässe, bei denen Gebirgsschützen glänzten. Ein Schicksalsjahr war 1869: die Organisation der Gebirgsschützen wird als staatliche Institution aufgelöst. Die bayerische Heeresreform und die veränderte Kriegsführung hatten den Gebirgsschützen ihre militärische Bedeutung genommen.

Farbenfrohe Aufmärsche gehören zu jedem großen Fest der Gebirgsschützen, so auch beim Bataillonsfest des Inn-Chiemgaus in Rosenheim 2007. Im Bild eine Gastkompanie aus Innsbruck beim Kirchenzug.

Auf private Initiative hin blieben jedoch einige Kompanien erhalten, andere wurden in den Jahrzehnten danach wieder gegründet. Im Übrigen trat mit Beginn des 20. Jahrhunderts die Pflege des Brauchtums in den Vordergrund, worin die Gebirgsschützen eine neue Existenzberechtigung und Verpflichtung sahen.

Die Feldmesse ist vorüber, der prächtige Festzug des Bataillons durch die Straßen Rosenheims beginnt.

Gliederung und Aufgaben. Nach den beiden Weltkriegen treffen sich 1949 die historischen Gebirgsschützenkompanien zum ersten Mal und gründen 1951 den »Bund der Bayerischen Gebirgsschützen-Kompanien« in Oberbayern. Ihm unterstehen fünf Gaue, auch Bataillone genannt, die in sechs Landkreisen entlang der Alpenkette zwischen Rupertiwinkel und Werdenfelser Land beheimatet sind, nämlich im Inn-Chiemgau, Isargau, Loisachgau, Mangfall-Leitzachgau und in Werdenfels. Jeder Gau verfügt über Kompanien, insgesamt sind es im Bund 47, von denen jede ihre eigene Tracht hat.

Die Aufgaben der Gebirgsschützen sind in der Satzung niedergelegt. Demnach haben sie alpenländische Sitte und wehrhaftes Brauchtum der Ahnen zu erhalten sowie die Pflicht zum Schutz und zur Pflege der Heimat wahrzunehmen. Die Gebirgsschützen sind ein stolzes »Völkchen«, das auch prominente Ehrenmitglieder hat: der ehemalige bayerische Ministerpräsident Dr. Edmund Stoiber ist Ehrenleutnant der Wolfratshauser Kompanie und auch Papst Benedikt XVI. besitzt eine Ehrenmitgliedschaft in der Tegernseer Kompanie.

Bild linke Seite oben: Feldmesse auf dem Max-Josefs-Platz in Rosenheim 2007: in bunten Blöcken steht das Bataillon zwischen italienisch anmutenden Straßenfassaden.

Patronatstag und Gaufeste. Absoluter Höhepunkt im Veranstaltungskalender oberbayerischen Gebirgsschützen ist der erste Maisonntag mit dem Patronatstag, an dem alle 47 Gebirgsschützenkompanien des Bundes sowie Abordnungen aus Tirol und Südtirol zusammenkommen, also rund 4000 Gebirgsschützen. Eine der Kompanien erhält Monate im Voraus den ehrenvollen Auftrag, den Patronatstag auszurichten. So fand er 2006 in Garmisch-Partenkirchen und 2007 in Schliersee statt. 2008 ist München an der Reihe.

Hauptfest jedes Bataillons im Jahr ist das Gaufest. Es findet meist bei einer Kompanie statt, die selbst ein Jubiläum feiert, wie das zum Beispiel beim Bataillonsfest des Inn-Chiemgaus 2007 in Rosenheim der Fall war. Dort beging die ansässige Gebirgsschützenkompanie das 30-jährige Jubiläum ihrer Wiedergründung.

Im Programmablauf ähneln sich diese Feste. Ihr offzieller Teil beginnt meist am Samstagabend mit einer feierlichen Kranzniederlegung zu Ehren der gefallenen und verstorbenen Mitglieder. Der Sonntag aber ist Kernstück jedes Festes. In der Frühe treffen die Kompanien aus allen Himmelsrichtungen ein, stellen sich auf und marschieren im Kirchenzug zum Feldgottesdienst, der nicht auf freiem Feld, wohl aber außerhalb der Kirche im Zentrum des Ortes stattfindet. Danach der absolute Höhepunkt des Tages: die Kompanien, jede in ihrer eigenen schmucken Tracht, marschieren, begleitet von Blasmusik und Trommlern, in malerischer Formation durch die Straßen und lassen ungeachtet des festlich-frohen Bildes erkennen, dass sie mit Ernst und Engagement bei der Sache sind. Wenn dann noch, wie 2007 in Rosenheim, die Sonne vom Himmel lacht, eilen viele Tausende Zuschauer herbei und bewundern das glanzvolle Schauspiel, zur besonderen Freude der Gebirgsschützen. Und dann folgt, was folgen muss: nach Ende des Umzugs durch Stadt oder Dorf wird im Festzelt zünftig gefeiert.

Bild oben: Festgottesdienst am Patronatstag in Schliersee unter den Fahnen einer Brauerei. Bild unten: Die Ehrung verdienter Mitglieder durch den Vorstand gehört zu jedem Patronatstag der Gebirgsschützen.

11 Maiandacht auf Schloss Pertenstein

■ **Anfahrt München:**
Auto B304 über Wasserburg und Altenmarkt bis Matzing, dort links 500 m nach Pertenstein
Alternativ: A8 bis AS Grabenstätt, dann St 2096 bis Matzing (je ca. 105 km)
Bahn Mehrmals täglich München-Traunstein (U)-Matzing (ca. 2 Std.), von dort Fußweg ca. 25 Min. Letzte Rückfahrt beachten!

Datum	Uhrzeit	Ort	InfoTel.
Alljährlich am zweiten Dienstag im Mai	Beginn 19.30 Uhr; Dauer ca. 1 Std.	Schloss Pertenstein bei Matzing, 2 km südlich von Traunreut	086 69 / 65 00 (Schlossverwaltung Pertenstein)
Quellen	www.schloss-pertenstein.de; www.heimat-bayern.de; www.erdweg.de		

Seit Mitte des 19. Jahrhunderts ist es Brauch in Deutschland, im Mai Volksandachten zu Ehren Mariens zu feiern. Sie gelten als barocke Frömmigkeitsform und sind bei den Gläubigen sehr beliebt. Zwei besonders besuchenswerte Maiandachten werden hier kurz vorgestellt.

Marienverehrung im Mai. Wenn die ersten Maitage ins Land ziehen, erwacht in uns ein neues Lebensgefühl. Die Natur beginnt aufzublühen, die Sonne kann bereits frühsommerliche Wärme spenden und es liegt so etwas wie Aufbruchsstimmung in der Luft. Eine besondere Bedeutung hat der Mai auch für die Kirche, er ist nämlich der Verehrung Mariens geweiht – ebenso wie der Oktober als Rosenkranzmonat. Maria nimmt als Mutter Jesu eine zentrale Rolle im Christentum ein und erfreut sich beim Volk größter Wertschätzung.

Intime Maiandacht in der kleinen St.-Anna-Kapelle auf Schloss Pertenstein.

Zum Ausdruck kommt die Verehrung der Gottesmutter im Mai vor allem in den Maiandachten. Sie finden an vielen Orten und mehrfach in der Woche statt. Ursprünge der Volksandacht reichen bis ins Mittelalter zurück. 1784 sollen in Ferrara in Italien und 1841 in München-Haidhausen die ersten Maiandachten zelebriert worden sein und dann schnell Verbreitung gefunden haben. Früher war es auch üblich, zu Hause einen kleinen Maialtar zu errichten und die Andacht mit der Familie vor diesem Altar zu feiern.

Bilder oben: Schauplätze stimmungsvoller Maiandachten. Links Schloss Pertenstein nahe Traunreut, rechts die romanische Anlage St. Peter auf dem Petersberg nahe Dachau.

Stilvolle Maiandachten. Wer eine Maiandacht besuchen möchte, hat eine große Auswahl, egal wo er wohnt. Soll es jedoch etwas Besonderes sein, ist das Angebot schon spärlicher. Vorgestellt werden deshalb hier zwei stilvolle Maiandachten, die von ihrem Umfeld her aus dem Rahmen fallen. Eine findet auf dem Petersberg im Dachauer Hinterland statt, und zwar in der Kirche St. Peter. Sie ist eine der ältesten romanischen Kirchen Oberbayerns, in der vor allem Chorfresken und Schnitzwerke außergewöhnlich sind. Eine Maiandacht in diesen altehrwürdigen strengen Mauern im Angesicht Jahrhunderte alter Wandmalereien und Figuren ist ein Erlebnis der besonderen Art.

Stimmungsvoll und heimelig erweist sich die alljährliche Feier in der St.-Anna-Kapelle des einstigen Wasserschlosses Pertenstein. Das Schloss am Ufer der Traun stammt aus dem Hochmittelalter und ging später an das Grafengeschlecht derer von Toerring. Zugänglich ist es heute nur im Rahmen von Veranstaltungen, wie eben zur Maiandacht, die seit mehr als 30 Jahren in der kleinen St.-Anna-Kapelle aus dem 15. Jahrhundert stattfindet. Ins Auge fallen dort ein schönes Rokokoaltärchen mit der Figur der Hl. Anna sowie Wandmalereien und Gemälde des 17. und 18. Jahrhunderts. Die Andacht läuft im Wechsel zwischen Wort und Gebet des Pfarrers und besinnlichen Weisen der Chorfreunde Traunwalchen ab. Es ist eine kleine intime Feier, umrahmt von einer Handvoll Besuchern, die wie eine Familie wirken, zu der man sich auch selbst gehörig fühlt.

Bild unten: Maiandacht unter den Augen der thronenden Maria mit dem Jesuskind. Das Bild ist ein romanisches Fresko in der Hauptapsis von St. Peter auf dem Petersberg.

12 Passionsspiele in Oberammergau

■ **Anfahrt München:**
Auto A95 bis Autobahnende, dann B2 bis Oberau und rechts ab B23 nach Oberammergau (ca. 90 km)
Bahn Regelmäßige Verbindung München-Murnau (U)-Oberammergau, Fahrzeit ca. 1:50 Std.
■ **Einkehr:** Alte Post, Terrasse, kein Ruhetag
Hotel-Restaurant Böld, Garten, kein Ruhetag

Datum	Uhrzeit	Ort	InfoTel.
Alle 10 Jahre Mai–Oktober; letzte Spiele 2000	Vorstellung 1. Teil 14.30–17 Uhr, 2. Teil 20–22.30 Uhr	Oberammergau Festspielhaus	0 88 22 / 92 31-0 (Oberammergau Tourismus)
Quellen	www.oberammergau.de; www.passionsspiele2000.de		

Die Oberammergauer Passionsspiele sind – was Tradition und Format anbetrifft – ein Top-Ereignis im deutschen Brauchtumsgeschehen. Aufgeführt in einem Dorf und doch weltbekannt, zeichnen sie in rund sechsstündigen Vorstellungen die letzten Tage im Leben Jesu nach. Mit über 100 Aufführungen und mehr als 500 000 Zuschauern stellten die Spiele 2000 einen neuen Rekord auf.

Wunsch und Wirklichkeit. Mal so eben nach Oberammergau fahren und Passionsspiele schauen wie einen Film im Dorfkino – das bleibt eine Illusion! Nicht allein deshalb, weil die Spiele nur alle zehn Jahre stattfinden. Auch Eintrittskarten sind meist komplett vergriffen, wenn man zu kurzfristig tätig wird, sprich erst wenige Monate vor Spielbeginn. Gute Chancen hat indes jeder, der langfristig plant, also etwa über zwei bis drei Jahre, und rechtzeitig Kartenwünsche anmeldet. Beim Oberammergau Tourismus erfahren Sie die genauen Termine für eine solche Kartenbestellung.
Zudem bietet Oberammergau seit einigen Jahren auch unter der Zeit Opern, Schauspiele oder Ballett und ganzjährig auch Theaterführungen an, wo man die besondere Atmosphäre des Passionstheaters schnuppern kann.

Szenen aus den Passionsspielen Oberammergau 2000. Bild oben: »Einzug in Jerusalem«. Das Volk bejubelt den Propheten Jesus auf dem Esel.

Entwicklung der Passionsspiele. 1633 herrschte Todesangst in Oberammergau. Wieder einmal wütete die Pest und hatte schon Opfer unter den Bewohnern gefordert. In ihrer Not gelobten sie, alle zehn Jahre ein Passionsspiel aufzuführen, wenn sie im Weiteren von der Seuche verschont blieben. Und so geschah es! Ein Jahr später gingen die Spiele erstmals über die Bühne, übrigens auf dem Friedhof des Dorfes, und folgten dann im Wesentlichen alle zehn Jahre. Unterbrochen wurde der Rhythmus nur durch Verbote, Kriege und Sonderspiele. 2000 fanden die 40. Passionsspiele statt, was ihre »einzigartige Kontinuität durch die Jahrhunderte« unter Beweis stellt.
Das Spiel selbst, also besonders Drehbuch, Musik und Inszenierung unterlag dagegen einem häufigen Wandel, der besonders in jüngerer Zeit nicht selten von Auseinandersetzungen zwischen konservativen und fortschrittlichen Kräften in der Gemeinde begleitet war und manchmal erst durch Bürgerbefragung entschieden werden konnte.

Bild linke Seite: Bei einem Blick aus der Tiefe des Zuschauerraums auf die Bühne ahnt man, warum von den Spielen eine so große Anziehungskraft ausgeht.

Begonnen hatte alles mit Passionstexten aus der zweiten Hälfte des 15. Jahrhunderts. In der Folgezeit wurden die Texte immer wieder überarbeitet und dem jeweiligen Zeitgeist angepasst. Besonders zwei Fassungen haben noch heute Bestand: dic des Benediktiners Ferdinand Rosner aus Ettal von 1750, der mit der »Passio Nova« eine grundlegend neu gestaltete Spielfassung »in der Formensprache des geistlichen Barocktheaters« vorlegte. Die zweite kam 1858 aus der Feder des Oberammergauer Pfarrers Joseph A. Daisenberger, die heute noch den Passionsspielen zu Grunde liegt. Es ist eine volkstümliche Fassung mit einer zeitlosen und idealisierten Handlung sowie »bildhafter Sprache und einfachen Symbolen«. Daisenberger war bei der Aufführung 1850 auch der erste offizielle Spielleiter seit Entstehen der Passionsspiele.

Bild oben: Passionsspiele Oberammergau 2000. »Kreuzigung«. Jesus am Kreuz in der Mitte, dahinter die beiden mit ihm gekreuzigten Schächer.

Umfassende Neuinszenierungen erfolgten 1930 durch Georg J. Lang, der 1922 bis 1960 auch als Spielleiter fungierte, sowie 2000 durch Christian Stückl, der 1990 als 27-Jähriger zum jüngsten Spielleiter in der Geschichte der Passionsspiele gewählt worden war.

Wie auf der Website »Passion 2000« weiter zu erfahren ist, geht es bei den Spielen um die letzten fünf Tage im Leben Jesu. Die Szenen der Handlung spielen zwischen Palmsonntag und Ostern, beginnen also mit dem Einzug in Jerusalem und enden mit der Auferstehung. Den einzelnen Szenen der Leidensgeschichte werden so genannte »Lebende Bilder« vorangestellt, die nicht gemalt,

sondern von Schauspielern dargestellt und musikalisch untermalt sind. Sie sollen Ereignisse aus dem Alten Testament mit thematisch verwandten Ereignissen aus der Leidensgeschichte Jesu in Beziehung setzen.

Was die Architektur des Passionstheaters betrifft, hat 1634 alles mit einer einfachen Holzbühne auf dem Friedhof begonnen. Im Laufe der Jahrhunderte wurde die Bühne mehrfach neu gestaltet und mit zeitgemäßer Technik ausgestattet. 1900 wird der Zuschauerraum überdacht, 30 Jahre später folgt wiederum ein Neubau der Freiluftbühne. 1997 schließlich wird nach einem Bürgerentscheid das Theaters grundlegend saniert und – was Bühnentechnik und Komfort für rund 5000 Zuschauer betrifft – auf neuesten Stand gebracht.

A propos Zuschauer. Analog zum wachsenden Ansehen der Passionsspiele weltweit stiegen in den vergangenen Jahrhunderten auch die Zuschauerzahlen. 1830 wird von 13 000, zehn Jahre später bereits von 35 000 Besuchern berichtet. Bei den 29. Spielen im Jahre 1900 kommen 174 000 Zuschauer nach Oberammergau und 1950 sage und schreibe 480 000. Diese Zahl registriert man auch 1990, während 2000 erstmals die Grenze einer halben Million überschritten wurde.

Bild linke Seite unten: Passionsspiele Oberammergau 2000. Lebendes Bild aus dem Altertum »Tanz um das Goldene Kalb – Moses und die Gesetztafeln« analog zum »Ringen Jesu mit einer zur Selbstvergötzung tendierenden Priesterschaft«.

Passionsspiele Oberammergau 2000. »Der auferstandene Jesus« inmitten seiner staunenden Anhänger.

13 Kunstwerke auf dem Dießener Töpfermarkt

■ **Anfahrt München:** Auto A96 bis AS Greifenberg, dann St 2055 über Schondorf nach Dießen (ca. 55 km), Auffangparkplätze am Ortseingang Bahn Regelmäßige Verbindung über Geltendorf (U) oder Weilheim (U) bis Dießen (Fahrzeit ca. 1 bis 1:45 Std.)
■ **Einkehr:** Dießen: Gasthof Unterbräu Biergarten, Mi Ruhetag

Datum	Uhrzeit	Ort	InfoTel.
Christi Himmelfahrt bis zum darauffolgenden Sonntag (4 Tage)	Täglich 10 bis 18 Uhr	Seeanlagen in Dießen am Ammersee	0 88 07 / 92 94 27 (TouristInfo Dießen am Ammersee)
Quellen	www.diessen.de/kunst-kultur; www.auerdult.de; Infoheft Gewerbeverband Bad Feilnbach		

Der internationale Dießener Töpfermarkt, 1977 gegründet, ist heute nicht nur einer der größten in Europa, er gilt auch als einer der qualitätsvollsten in der Keramik-Szene. Wir stellen ihn am Beispiel der Jubiläumsveranstaltung 2007 vor, besuchen aber auch andere Kultmärkte, wie die Münchner Auerdult und den Apfelmarkt in Bad Feilnbach.

Umfeld des Töpfermarktes. Alljährlich zu Christi Himmelfahrt verwandelt sich das beschauliche Dorf Dießen am Ufer des Ammersees in einen Treffpunkt europäischer Keramikkünstler. Um die 160 Werkstätten stellten sich in den Seeanlagen vor, davon gut 30

Dießener Töpfermarkt 2007. Links: »Verliebt« hieß dieses Figurenensemble und die beiden drolligen Gestalten waren so einnehmend, dass man sich selbst in sie verlieben konnte.

Linke Seite: Über diesen Markt bummelt man gerne: am Ufer Stände und Flächen mit wunderschönen Töpferwaren und vis à vis der Ammersee mit Schiffen und Segelbooten.

aus europäischen Ländern, wie England, Frankreich oder Österreich. Sie alle werden aus einer Vielzahl von Bewerbern ausgesucht, repräsentierten also das »zeitgenössische keramische Schaffen in allen Stilformen« auf einem gehobenen Leistungsniveau.

Der Töpfermarkt 2007 hatte sich Themenschwerpunkte gesetzt. »Keramik am See« gehörte dazu, was den Bezug der Keramikformen und Verzierungen zum Landschaftsbild am Ammersee ausdrücken soll. »Trink- und Schankgefäße« war ein anderer Schwerpunkt, der im zentralen Ausstellungspavillon Arbeiten rund um das Thema Trinken zeigte. Schwerpunkt war auch der »Dießener Keramikpreis

Farbsinfonie in Blau. Aus Brandenburg, dem hohen Norden Deutschlands kam dieser Künstler und zog mit seinem tiefblauen Steinzeug viele Zuschauer an.

2007«, um den sich rund 50 Werkstätten beworben hatten und der einem in Deutschland ansässigen Koreaner sowie einem Künstler aus Köln zugesprochen wurde. Nicht zu vergessen der »Pavillon des Dießener Kunsthandwerks«, in dem die Arbeiten Dießener Künstler gezeigt wurden und der auch außerhalb des Töpfermarktes besucht werden kann. Schließlich noch das Projekt »Keramikweg«, der beim Töpfermarkt begann und beim Dießener Keramikzentrum endete. Auf dem Weg konnten Ateliers und Ausstellungen besucht werden.

An **Töpfertechniken** waren auf dem Töpfermarkt 2007 unter anderen Steinzeug, Raku, Irdenware und Fayence sowie Porzellan vertreten. Töpferei ist – allgemein gesprochen – eine Technik, um aus feuchtem Ton oder Lehm Gefäße zu formen, die dann zur Härtung gebrannt werden. Steinzeug nennt man Tonwaren, deren Scherben und Glasur beim Brennen verschmelzen. Raku ist eine japanische Keramikform, der eine besondere Brenntechnik zugrunde liegt: glühende Gefäße werden aus dem Ofen geholt und in Behälter mit Laub, Stroh oder Heu eingebettet. Irdenware und Fayencen sind nahezu identisch und repräsentieren poröse Tonwaren mit Zinnglasur, die mehrfach gebrannt werden. Porzellan schließlich besteht aus Kaolin, Feldspat und Quarz und besitzt dichte Scherben und große Härte. Es wird bei sehr hoher Temperatur gebrannt.

Bild unten: Der aus Köln angereiste Künstler dieser wunderbaren Designervase errang den Dießener Keramikpreis 2007.

Rundgang. Wenn man Glück mit dem Wetter hat, bietet sich in Dießen am Seeufer eine faszinierende Atmosphäre. Ein dichtes Gewirr von Ständen nimmt die ganze Uferfläche vom Strandbad bis zum Festplatz ein, überall eine fast unerschöpfliche Vielfalt an Keramikgefäßen, Skulpturen und Design-Objekten, oft farbenprächtig und in faszinierenden Formen, Figuren und Verzierungen. Es ist aber keineswegs nur schmuckvolle Nutzware, wie Trinkgefäße, Teller oder Schüsseln, den Reiz des Marktes machen auch die vielen originellen und kreativen

Menschen- und Tierfiguren aus, die mit ihren lustigen Stellungen und Grimassen die Besucher anziehen. Wenn dann der Blick durch die Stände auf den See fällt, wo sich kleine Segelboote tummeln und Ausflugsdampfer verkehren, begreift man, dass der Landschaftsrahmen und der Markt am Ufer zusammengehören, was sich ja manchmal in den Kunstwerken widerspiegelt. Der Besuch des Marktes in Dießen ist jedenfalls trotz stressiger Parkplatzsuche ein lohnendes Unternehmen.

Bild linke Seite oben: Beim Töpfermarkt 2007 standen Tiere in allen Variationen hoch im Kurs, wie diese schrullige Katze, die einen betont selbstzufriedenen Eindruck macht.

Unter strahlend blauem Himmel und vor zahlreichen Ehrengästen und Zuschauern eröffnet die Münchner Tourismuschefin die Maidult 2007, musikalisch umrahmt von der Unterbrunner Blaskapelle.

Kultmarkt Auerdult. Dreimal im Jahr steigt auf dem Mariahilfplatz im Münchner Stadtteil Au ein Jahrmarkt mit Kultstatus: die Maidult Ende April/Anfang Mai, die Jakobidult Ende Juli/Anfang August und die Kirchweihdult in der zweiten Oktoberhälfte. Jede Dult dauert neun Tage und ist von 9 bis 20 Uhr geöffnet.

Der Jahrmarkt ist im besten Sinne altmodisch geblieben und erfreut sich so großer Beliebtheit bei den Menschen in Stadt und Land, was rund 100 000 Besucher, die zu jeder der drei Dulten kommen, unterstreichen. Zum Ansehen der Auerdult trägt auch bei, dass sie eine lange Tradition hat. Bereits 1310 wird die Jakobidult erstmals

Bild rechte Seite oben: Umrahmt wird die Eröffnung der Auer Maidult auch von Tanzeinlagen eines Trachtenvereins mit Kindertanzgruppe.

erwähnt. Früher war sie wohl nur eine Art Randerscheinung bei Kirchenfesten, bis sie dann später zur eigenständigen Veranstaltung wurde.

Heutzutage stehen den rund 300 Marktkaufleuten und Schaustellern knapp 22 000 Quadratmeter Dultfläche zur Verfügung, um ihre Waren an den Mann zu bringen. Dazu gehören besonders Geschirr, die Auerdult gilt als größter Geschirrmarkt Europas, aber auch Kleidung, Antiquitäten, Bücher, Spielzeug, Lebensmittel und vieles andere mehr. Kinder müssen sich nicht langweilen. Karussells, Schiffschaukel, Riesenrad und Autoscooter, alles in nostalgischer Form, sowie Kasperltheater und Pferdereiten sorgen für Abwechslung. Und natürlich ist auch für Verpflegung gesorgt: Marktbuden, Kaffeestände, Fischbraterei, Biergarten und ein kleines Festzelt stehen zur Auswahl. Die nächste Maidult 2008 wird vom 26. April bis zum 4. Mai auf dem Mariahilfplatz stattfinden.

Möbel, Bilder, Geschirr, wie hier an diesem Stand – auf der Auerdult kann man nach Herzenslust stöbern, ob man nun auf Trödel oder echte Antiquitäten aus ist.

Feilnbacher Apfelmarkt. 1992 eingerichtet, hat sich der Feilnbacher Apfelmarkt zum größten Markt seiner Art in Bayern entwickelt. Jedenfalls wird mit diesem Superlativ geworben. Insgesamt betrachtet, ist es ein Bauernmarkt mit Trend zum Familienfest, denn Riesenrad, Kinderkarussell, Schiffschaukel und Bockerlbahn sowie Fahrten mit der historischen Kutsche oder Ponyreiten locken vor allem kleine Besucher an. Der Hunger lässt sich mit Steckerlfisch, selbst gebackenem Brot und Schmankerln aus dem Festzelt stillen.

Im Übrigen aber stehen landwirtschaftliche Produkte, frisch, naturbelassen und direkt vom Bauern, im Zentrum. Und zwar nicht nur Äpfel in allen Variationen, sondern auch weitere Obstsorten, Gemüse, Kartoffeln und Kohl, aber auch Marmeladen, Schnäpse und Honig. Daneben präsentieren sich auch Handwerker mit ihren Künsten. Körbe- und Rechenmacher, Schafwollspinner und Hirschhornschnitzer, Hufschmiede und Federkielsticker, alles Berufe, die uns heute weitgehend fremd geworden sind. Zur Unterhaltung der Besucher tragen nicht nur Musikkapellen bei, sondern auch Goaßlschnalzer und Kinderplatteln.

Der Feilnbacher Apfelmarkt findet alljährlich in der ersten Oktoberhälfte an einem Wochenende (Freitag bis Sonntag) statt und ist täglich 10 – 20 Uhr geöffnet.

Also nichts wie hin zum nächsten Apfelmarkt. Die Engländer behaupten ja: »One apple a day keeps the doctor away!«, was so viel heißt wie: wenn Sie täglich einen Apfel essen, brauchen Sie keinen Doktor mehr.

Bild unten: Äpfel in allen Sorten, Größen und Schattierungen – beim Apfelmarkt in Bad Feilnbach kann man zum Apfelkenner werden.

14 Altmühltaler Lammauftrieb

■ **Anfahrt München:**
Auto A9 bis AS Ingolstadt Nord, dann B13 bis Eichstätt und dort St 2230 über Dollnstein nach Mörnsheim (ca. 150 km)
Bahn Mehrere Verbindungen München-Dollnstein, dort weiter mit Bus. Bahnanfahrt jedoch umständlich und langwierig (2–3 Std.)
■ **Einkehr:** Restaurant Lindenhof, Di Ruhetag Gasthof »Zum Brunnen«, Terrasse, Mi Ruhetag

Datum	Uhrzeit	Ort	InfoTel.
Alljährlich an einem Wochenende Mitte Mai	Samstag ca. 11 bis Sonntag ca. 17 Uhr	Markt Mörnsheim im Gailachtal (siehe Karte)	0 91 45 / 83 15-0 (Markt Mörnsheim)
Quellen	www.moernsheim.de		

Der noch junge Altmühltaler Lammauftrieb in Mörnsheim hat das Zeug, eine publikumswirksame Traditionsveranstaltung zu werden. Hunderte von Schafen, Lämmern und Ziegen werden durch die Straßen des festlich gestimmten Dorfes getrieben, um auf der Wacholderheide am Kohlberg ihre Sommerbleibe zu finden.

Altmühltaler Lamm. Im nördlichsten Zipfel Oberbayerns, dort, wo sich die Regionen Altbayern, Franken und Schwaben die Hand reichen, liegt im Gailachtal, einem Nebental der Altmühl, der Markt Mörnsheim. Das alte bäuerliche Dorf besitzt im Kastenhof ein ansehnliches historisches Rathaus und ist umgeben vom Hügelland der Fränkischen Alb. Damit die Wacholderheiden dieser herbschönen Landschaft im größten Naturpark Deutschlands nicht durch Buschwerk verwildern, bedürfen sie ständiger Pflege. Das übernehmen seit ungefähr 200 Jahren – man höre und staune – Schafherden.
Um diesen Zusammenhang einer breiten Öffentlichkeit bekannt zu machen und die damit verbundene harte Arbeit der Hüteschäfer zu würdigen und zu unterstützen, wurden von den Verantwortlichen der Region Konzepte entworfen: 1997 zunächst das Projekt »Altmühltaler Lamm« mit dem Ziel, Fleisch und Produkte vom Lamm effektiver zu vermarkten. Eine zweite Initiative läuft seit 2003. Ab diesem Jahr findet stellvertretend für das ganze Altmühltal im Mai ein Lammauftrieb in Mörns-

Der historische Kastenhof, heute Rathaus, ist der repräsentativste Bau in Mörnsheim, hier umringt von Ständen eines Schäfer- und Handwerkermarktes beim Lammauftrieb.

heim statt, während Kipfenberg Anfang Oktober den Lammabtrieb in Szene setzt.

Lammauftrieb. Ist dann das Maiwochenende mit dem Lammauftrieb gekommen, herrscht in Mörnsheim allenthalben Dorffeststimmung. Rund um den Kastnerplatz reihen sich die bunten Stände des Schäfer- und Handwerkermarktes mit Produkten der Region, an jeder Ecke bieten Tische und Bänke Sitzgelegenheit, und das Ganze wird umrahmt von zünftiger Blasmusik. Am Samstag eröffnet der Schirmherr der Veranstaltung den Auftrieb, 2007 war es der Innenminister des Freistaates Bayern. Dann der Höhepunkt des Tages: Hunderte von Schafen, Lämmern und Ziegen traben laut blökend durch das Markttor und die Ortsstraßen und werden vom Schäfer auf den Kohlberg geführt. Im anschließenden Rahmenprogramm am Kastnerplatz wird gezeigt, wie Schafe geschoren werden, bewundern kann man auch alte Schäfertänze, aufgeführt von der Oberpfälzer Schäfertanzgruppe. Der Sonntag beginnt mit einem Gottesdienst in der Wallfahrtskirche »Maria Elend« in Altendorf, wo die Tiere kirchlich gesegnet werden. Erneut zieht der Schäfer mit einer Herde durch das Dorf und anschließend führt eine Exkursion »Auf die Spuren der Schafe«. Getreu dem Konzept »Altmühltaler Lamm« werden an beiden Tagen wohlschmeckende Lammgerichte in allen Variationen angeboten. Einer der Wirte gestaltet am Sonntagnachmittag noch ein »kulinarisches Schäferstündchen« und gibt Tipps für Hausfrauen und Hobbyköche, wie man die Spezialität »Altmühltaler Lamm« am besten zubereitet.

Bild oben: Vorfahrt für Schafe und Ziegen beim Lammauftrieb in Mörnsheim. Der Schäfer führt die Herde durch das Dorf hinauf zum Kohlberg.

Bild unten: Dass Mörnsheim nicht nur Zuschauerspektakel, sondern auch altes Brauchtum bieten will, bewies die Oberpfälzer Schäfertanzgruppe.

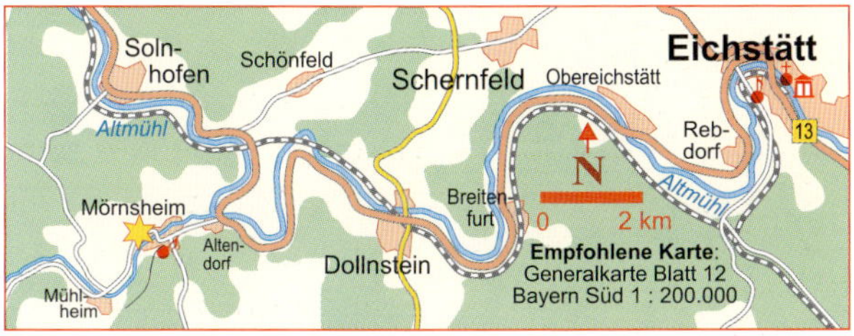

15 Fest der Bergknappen in Berchtesgaden

■ **Anfahrt München:** Auto A8 bis AS Traunstein, dann B306/305 über Inzell bis Berchtesgaden (ca. 150 km) Bahn Mehrmals täglich München-Freilassing (U)-Berchtesgaden, Fahrzeit ca. 3 Std.
■ **Einkehr:** Gasthof Goldener Bär, Terrasse, kein Ruhetag Café Forstner, Terrasse, kein Ruhetag

Datum	Uhrzeit	Ort	InfoTel.
Alljährlich am Pfingstmontag	Sonntag ab 20 Uhr, Montag von 06.30–ca. 15 Uhr	Berchtesgaden, Salzbergwerk und Ortsmitte	0 86 52 / 944 53 00 (TouristInfo BG); 0 86 52 / 60 02-0 (Salzbergwerk BG)
Quellen	www.berchtesgaden.de; www.br-online.de www.pfingstseiten.de; www.brauchtumsseiten.de		

Das traditionelle »Bergfest« am Pfingstmontag ist ein Höhepunkt im Brauchtumskalender Berchtesgadens. Gefeiert wird es von den Bergknappen des Salzbergwerks, die nach einem Festakt und einer Dankesmesse in weißblauer Festmontur durch Berchtesgaden ziehen.

Historischer Rahmen. Angefangen hat alles um 1517, als das Salzbergwerk in Berchtesgaden gegründet wurde. Seit dieser Zeit wird unter Tage ein Wasser-Salz-Gemisch gewonnen und noch heute zur Saline in Bad Reichenhall gepumpt, wo aus der Sole Nahrungs- und Gewerbesalze hergestellt werden. Stillgelegte Teile des Salzbergwerks

dienen als Naturmuseum, in das alljährlich Hunderttausende Besucher einfahren und gefesselt werden von der geheimnisvollen Welt im Bergstock.
Schon bald schlossen sich die »Bergler« zu einer Schicksalsgemeinschaft zusammen und richteten einen Jahrestag ihrer Zunft ein, der zu dieser Zeit noch keine öffentliche Festveranstaltung, sondern ein interner Gottesdienst war. 1617 wurde ihnen ein Freibrief verliehen, der ihre Rechte und Pflichten schwarz auf weiß festgeschrieben hat. Diese Privilegien wurden sorgsam gehütet und fortan bei den Bergfesten gefeiert. Brauch war und ist es im Übrigen auch, den Knappen an diesem Tag Rindfleisch, Knopflerwürste und Weingeld zu überreichen.
Während das damalige Bergfest sich immer noch weitgehend innerhalb der Zunft abspielte, wurde ab 1810 zunehmend auch die Bevölkerung in die Veranstaltung einbezogen. Berchtesgaden war nämlich in diesem Jahr nach wechselvoller Geschichte endgültig an das Königreich Bayern gefallen. Das Bergfest wandelte sich allmählich zum Volksfest.

Nach dem Umzug am Sonntag geben die Musikanten der Bergknappen am Schlossplatz ein Standkonzert.

Bild linke Seite: Am Sonntagabend zieht die Knappschaftskapelle in traditioneller Uniform durch Berchtesgaden, sie kündigt das Bergfest an.

Festprogramm. Obwohl das Bergfest erst am Pfingstmontag steigt, wird es bereits am Pfingstsonntagabend »angekündigt«, und zwar von der Knappschaftskapelle, die mit Trommelwirbel und Blasmusik durch den Markt zieht und danach als Zugabe ein Standkonzert auf dem Schlossplatz gibt.
Am Pfingstmontag um 6.30 Uhr ist es neuerlich die Knappschaftskapelle, die mit ihrem Weckruf die »Bergler« aus dem Schlaf reißt. Nach einem Festakt im Bergwerk zieht die Belegschaft zur Stiftskirche, wo sie mit Ehrengästen an einem Lob- und Dankgottesdienst teilnehmen. Wenn der Berchtesgadener Bürgermeister anschließend die Bergleute begrüßt hat, folgt der große Festzug als Höhepunkt des Tages: In strahlender weißblauer Tracht mit Rutschleder und Schachthut ziehen sie, von der Knappschaftkapelle begleitet und von zahlreichen Zuschauern bewundert, durch die Gassen des Marktes zum Salzbergwerk, wo sich der Zug auflöst, nicht aber das Fest zu Ende geht. Vielmehr feiern die »Bergler« in den Wirtshäusern des Ortes bis in die späten Nachtstunden weiter.

Am Montag dann der große Festzug mit Blasmusik, Fahne und Zunftzeichen durch Berchtesgaden.

16 Festprozessionen zu Fronleichnam

■ **Anfahrt München:**
Auto Seehausen: A95 bis AS Sindelsdorf, dann B472 und St2038/B2 bis Murnau (ca. 68 km); Altötting: A94 und B12 (ca. 95 km)
Bahn Zu beiden Orten täglich mehrmals Verbindung; Fahrzeit Murnau ca. 1 Std., Altötting ca. 1:45 Std.
■ **Einkehr:**
Seehausen: Hotel-Gasthof zum Stern, Biergarten, Mi Ruhetag
Altötting: Hotel-Gasthof zur Post, Garten, kein Ruhetag

Datum	Uhrzeit	Ort	InfoTel.
Alljährlich am 2. Donnerstag nach Pfingsten	Messe ca. 8 Uhr, Prozession anschließend	Seehausen am Staffelsee und Altötting	0 88 41 / 35 50 (TouristInfo Seeh.) 0 86 71 / 50 62-19 (TouristInfo Altötting)
Quellen	www.festjahr.de; www.feiertagsseiten.de; www.heiligenlexikon.de		

Am Fronleichnamstag finden in Oberbayern zahlreiche prachtvolle Prozessionen statt, von denen hier zwei besondere herausgegriffen werden: Die einzige Seeprozession Bayerns in Seehausen am Staffelsee zur Insel Wörth und die traditionsreiche Prozession im bedeutendsten deutschen Marienwallfahrtsort Altötting.

Rund um Fronleichnam. Fronleichnam ist ein katholischer Feiertag, der als »Hochfest des Leibes und Blutes Christi« oder als »Fest der leibhaften Gegenwart Christi im Altarsakrament« gilt. Es geht um das Glaubensdogma, dass sich beim Abendmahl Brot und Wein in Leib und Blut Christi verwandeln. Entstanden ist das Fest im 13. Jahrhundert durch eine Vision der Augustinernonne Juliana von Lüttich, gefeiert wurde es in der dortigen Diözese erstmals 1246. Ab 1264 galt es dann für die Gesamtkirche. In Bayern ist die erste Fronleichnamsfeier 1273 bezeugt, sie fand in Benediktbeuern statt. Anfechtungen von protestantischer Seite machte das Konzil von Trient (1545–1563) ein Ende: es bestätigte das Fest Fronleichnam. In Bayern ist dieses Fest besonders beliebt. Nicht nur, weil es in die Zeit aufblühender Natur fällt, sondern auch der Prozessionen wegen, die für ihren festlichen Rahmen und ihre tiefe Frömmigkeit bekannt sind. »Prangertag« wird Fronleichnam in Bayern auch genannt, was von »prangen« kommt, also von »geschmückt«, »verziert«.

Bild links: Das Altarschiff in Seehausen mit Altar und Tragehimmel sowie einer Blaskapelle und dem Kirchenchor auf der Fahrt zur Insel Wörth.

Bild linke Seite: Die kostbare Monstranz in Altötting mit der konsekrierten Hostie in der Mitte ist für die Prozession zusätzlich noch mit einem Blumenkranz geschmückt.

Zunächst aber finden sich zu früher Morgenstunde Jung und Alt in Sonntagstracht ein, um dem Festgottesdienst beizuwohnen. Danach beginnt die Prozession. Betend reihen sich Kinder, Schüler, Ministranten, Honoratioren, Vereine und Verbände sowie natürlich auch die Dorfbewohner ein und nehmen den Traghimmel in ihre Mitte, unter dem der Pfarrer im goldenen Rauchmantel den Leib Christi trägt, in Gestalt der Hostie in der Monstranz. Davor und dahinter geben Fahnen, Standarten, Bilder und Figuren dem Zug ein feierliches Gepräge. Auch der Weg, den die Prozession nimmt, ist der Würde des Tages angepasst. Auf den mit Birkenbäumchen gesäum-

Bild unten: Wie man sieht, fährt das Altarschiff nicht alleine zur Insel Wörth, sondern wird von zahlreichen kleinen Booten zur Insel geleitet.

Fronleichnamsprozession in Altötting an historischer Stätte: der Geistliche trägt das Allerheiligste unter dem Tragehimmel an der Heiligen Kapelle aus dem 8. Jahrhundert vorbei.

ten Straßen sind Blumen und Grünzeug gestreut, die Häuser sind mit Fähnchen, roten Tüchern und grünen Girlanden geschmückt. Traditionell werden auf dem Prozessionsweg vier Altäre aufgebaut, an denen der Zug jeweils anhält: der Pfarrer liest aus den vier Evangelien und erteilt den Segen in die vier Himmelsrichtungen, also über den ganzen Erdball.

Seeprozession am Staffelsee. Einen Namen hat sich diese Prozession deshalb gemacht, weil zwei der vier Prozessionsaltäre auf Inseln im Staffelsee liegen und der Zug deshalb mit Booten übersetzen muss. Es ist das einzige Beispiel einer »schwimmenden Fronleichnamsprozession« in Bayern, deren Anfänge auf das Jahr 1935 zurückgehen. Nach dem Festgottesdienst in der Pfarrkirche St. Michael und einem ersten Evangelium im Dorf erreicht der Zug über Blumenteppiche und an geschmückten Häusern vorbei mit dem Allerheiligsten das Seeufer. Dort warten bereits Hunderte von Zuschauern, um dieses einmalige Schauspiel zu verfolgen.

Der Pfarrer unter dem Tragehimmel, Fahnenabordnungen sowie Kirchenchor und Blaskapelle besteigen eine geschmückte Fähre, auf der ein Altar errichtet ist, und setzen – begleitet von zahlreichen Prozessionsteilnehmern in Booten – zur kleinen Jakobsinsel über. Nach dem Evangelium dort geht es weiter zur Insel Wörth und zu Fuß hinauf zur Kapelle St. Simpert. Dort stand früher eine Vorgängerkirche, aus deren Steinen 1775 die jetzige Seehausener Michaelskirche errichtet wurde. Wenn auch auf Wörth der Segen erteilt worden ist, fährt die Prozession zurück zur Anlegestelle. Die Boote verharren noch kurz auf dem Wasser, bis der Pfarrer seinen letzten Segen (vierte Station) gespendet hat. Dann legen die Boote an und die Prozession kehrt ins Dorf zurück.

Bild rechte Seite unten: Was in Bayern niemals fehlen darf: traditionsreiche, farbenfrohe Trachten, die vor allem bei Umzügen, wie hier in Altötting, mit Stolz und Würde zur Schau getragen werden.

Fronleichnam in Altötting. Etwas Besonderes ist die Fronleichnamsprozession in Altötting schon deshalb, weil sie im bedeutendsten Marienwallfahrtsort Deutschlands stattfindet. »Herz Bayerns« hat Papst Benedikt XVI. das Städtchen genannt, dessen Mittelpunkt die kleine achteckige Gnadenkapelle auf dem Kapellplatz ist. Älteste Teile dieser Kapelle wurden bereits im achten Jahrhundert erbaut, ihr Gnadenbild aus dem 14. Jahrhundert, die »Schwarze Madonna«, ist alljährlich Ziel von mehr als einer Million Pilger aus aller Welt.
Vor diesem Hintergrund wird auch das Fronleichnamsfest gefeiert. Nach einer glanzvollen Messe in der Basilika liest der oberste Kapuziner am ersten Altar direkt vor der Basilika das Evangelium. Dann setzt sich die große Prozession in Bewegung, zieht – mit Halten an den Altären Nummer zwei und drei – eine Schleife durch die geschmückte Stadt und kehrt zum Kapellplatz zurück, wo der vierte Altar aufgebaut ist. Der Zuschauer am Rande spürt die gottesfürchtige Ausstrahlung der Prozession, die Repräsentanten kirchlicher und weltlicher Vereine, der Stadt und der Priesterschaft, aber auch die Ministranten und Kommunionskinder drücken eine Frömmigkeit aus, die natürlich wirkt und augenscheinlich aus tiefem Herzen kommt.

Bild oben: Anblick bei vielen Anlässen – schon Kinder nehmen passioniert am Brauchtum teil, wie hier bei der Fronleichnamsprozession in Altötting.

17 Bergfeuer auf Bayerns Gipfeln

■ **Anfahrt München:**
Keine Anfahrts- oder Einkehrempfehlung zu Sonnwendfeiern, da viele Orte in Frage kommen
Oberammergau:
Auto: A95 bis Ende BAB, dann B2 bis Oberau und B23 nach Oberammergau (ca. 90 km)
Bahn: Mehrmals täglich München-Murnau (U)-Oberammergau, Fahrzeit ca. 1:45 Std.
■ **Einkehr:**
Oberammergau: Alte Post, kein Ruhetag
Hotel-Restaurant Böld, Garten, kein Ruhetag

Datum	Uhrzeit	Ort	InfoTel.
Johannistag um den 24. Juni; König-Ludwig-Feuer am 24. August	Beginn jeweils nach Einbruch der Dunkelheit	Sonnwend an vielen Orten; König-Ludwig-Feuer in Oberammergau	0 89 / 82 92 18-0 (Tourismusverband München/Obb.); 088 22 / 92 31-0 (OAG-Tourismus)
Quellen	www.oberammergau.de; www.br-online.de; www.neuschwanstein-info.de		

Zwei traditionelle Anlässe sind es, zu denen am Alpenrand Bergfeuer entfacht werden, nämlich um den Johannistag am 24. Juni, an dem in vielen Alpendörfern Sonnwend gefeiert wird, und am 24. August vor allem in Oberammergau, hier zu Ehren König Ludwigs II.

Heidnischer Brauch. Sonnwende mit der kürzesten Nacht des Jahres und damit Sommeranfang ist am 21. Juni, wenige Tage später am 24. Juni begeht die katholische Kirche den Geburtstag Johannes des Täufers. Dazwischen finden in Südbayern zahlreiche Sonnwendfeiern statt. Schon Tage vorher schaffen die Burschen des Dorfes Holz auf die Berggipfel und schichten es zu Pyramiden, Kreuzen oder Figuren auf. Dann, am Veranstaltungstag werden nach Einbruch der Dunkelheit die Holzstöße angezündet und setzen die Gipfel in Flammen. Noch kilometerweit sind die lodernden Feuer im Tal zu sehen. In manchen Orten spielt zur Feier auch Blasmusik auf.
Dieser Brauch ist beileibe keine bayerische »Erfindung«. Bis in die heidnische Zeit sollen die Sonnwendfeiern zurückreichen, damals wurden auch noch Opfer gebracht, um künftiges Unglück abzuwenden. Auch der Sprung über oder durch das Feuer hatte zu allen Zeiten mystische Bedeutung, er sollte unter anderem den Beistand der Götter oder den Schutz vor bösen Geistern erwirken, manchmal auch nur eine Verlobung signalisieren.

Noch ist es ruhig auf dem Waxensteinmassiv oberhalb von Grainau. Bis es dunkel wird, vertreiben die Besucher ihre Zeit mit einer Erdbeerbowle.

In Oberammergau ragt die Felsnase des Kofel in den Abendhimmel. Gleich ist der Hausberg Oberammergaus Schauplatz des König-Ludwig-Feuers, das stets am Vorabend des Geburtstags von König Ludwig II. abgebrannt wird.

König-Ludwig-Feuer. Einen ganz anderen Hintergrund hat das Bergfeuer, das alljährlich am 24. August in und um Oberammergau auflodert, besonders auf dem markant hochragenden Kofel, dem Hausberg der Gemeinde. Es ist der Vorabend des Geburtstags von König Ludwig II., ihm zu Ehren wird diese in Bayern einzigartige Gedächtnisfeier seit vielen Jahren veranstaltet. Sie findet am nächsten Tag ihre Fortsetzung auf Schloss Linderhof, wo eine Sommernachts-Serenade aufgeführt wird.

Wenn am 24. August über Oberammergau die Dunkelheit hereinbricht, intoniert die örtliche Musikkapelle, die sich im Berg befindet, den Choral »Die Himmel rühmen« und versetzt die Zuschauer in andächtige Stimmung. Anschließend werden die Feuer entfacht. Wenn sie lange genug gelodert haben, ziehen die daran beteiligten Burschen später in einem langen Zug mit Fackeln ins Dorf zurück und beginnen dann mit ihren eigenen »Feiern« in den Gasthäusern der Gemeinde.

Bild unten links: Es ist so weit! Auf dem Kofel flammen Kreuze, Kronen und Pyramiden aus Holz auf und signalisieren die Verehrung für den beliebten Bayernkönig.

Bild unten rechts: Sonnwendfeuer über Grainau. Hänge und Grat des Waxensteins werden von Feuerpyramiden und Feuerkreuzen beleuchtet. Der Sommer kann Einzug halten.

18 Glanzvolle Auftritte der »Trachtler«

■ Anfahrt/Einkehr: Keine Empfehlungen, weil Veranstaltungsorte und Zeitpunkte jährlich wechseln

Datum	Uhrzeit	Ort	InfoTel.
Zahlreiche Veranstaltungszeitpunkte übers Jahr	Keine festliegenden Uhrzeiten	Teils festliegende, teils wechselnde Orte	TouristInfo des jeweils ausrichtenden Ortes
Quellen	www.trachtenverband-bayern.de; www.historisches-lexikon-bayerns.de; www.br-online.de; www.isargau.de		

Im Zentrum dieses Beitrags steht die oberbayerische Gebirgstracht. Sie ist im Alltag kaum noch zu sehen, bei festlichen Anlässen dafür umso mehr. Nach kurzer historischer Rückschau greifen wir einige Brauchtumsfeste heraus, bei denen die Trachtler ihr »Gwand« in ganzer Pracht und Schönheit präsentieren.

Rückschau. Es sieht ganz so aus, als habe das bayerische Königshaus Wittelsbach der Trachtenbewegung einen wichtigen Anfangsimpuls gegeben. Nicht nur, dass in der ersten Hälfte des 19. Jahrhunderts bei Familienfesten am Hof mitunter Tracht getragen wurde, 1853 erhebt König Maximilian II. auch die Forderung, der schnelllebigen Mode abzusagen und zur Steigerung des Nationalgefühls heimatliche Tracht zu tragen. Es geschah zunächst nicht viel, bis 1883 ein Bayrischzeller Lehrer einen Trachtenverein für das Leitzachtal gründete. Er konnte nicht ahnen, dass er am Anfang eines »Trachtenbooms«

Trachtenwallfahrt 2007 des Gauverbandes I: Ein nicht enden wollender Zug mit reichem Fahnenschmuck und Trachtenvielfalt pilgert durch die aufblühende Landschaft hinauf zur Wallfahrtskirche Maria Eck.

stand. 1884 folgte der Trachtenverein Miesbach und 1890 der erste Dachverband. Es war der Gauverband I, heute der älteste und größte Trachtengau Bayerns. Nachdem bis 1925 im oberbayerischen Alpenvorland weitere acht Trachtengaue entstanden waren, wurden die »Vereinigten Trachtenverbände des bayerischen Oberlandes« gegründet, die damals aus über 300 Trachtenvereinen und fast 20 000 Mitgliedern bestanden. Nach den Wirren des Dritten Reiches erhielten die Trachtenvereine ab 1948 neuen Auftrieb. Im Jahre 2002 schließlich vereinigten sich der ab 1908 entstandene »Landesverband Bayerischer Heimat- und Volkstrachtenvereine« und die »Vereinigten Trachtenverbände des bayerischen Oberlandes« zum »Bayerischen Trachtenverband«, dem offiziellen Dachverband aller Trachtenvereine in Bayern.

Frauengruppe in Blau-Schwarz aus Siegsdorf bei der Trachtenwallfahrt 2007 des Gauverbandes I nach Maria Eck.

Organisation des Bayerischen Trachtenverbands. Unter dem Dach dieses großen Landesverbandes stehen heute insgesamt 25 Gauverbände mit fast 1000 Vereinen und über 200 000 Mitgliedern. Dazu treten noch einmal an die 100 000 Jugendliche. Elf der 25 Gauverbände sind in Oberbayern angesiedelt. Sieben davon gehören zu den ältesten in Bayern. Weshalb Oberbayern auch als »Wiege der Trachtenbewegung« bezeichnet wird. Wie der Bayerische Trachtenverband angibt, ist er in vier Richtungen tätig: Trachtenpflege, Förderung der Trachtenjugend, Pflege bodenständigen Brauchtums und Aufgaben in der Heimatpflege. Bei der Brauchtumspflege geht es unter ande-

Dieser wohlgeformte und prächtig ausgestattete Altar in der Wallfahrtskirche Maria Eck war Ziel der Trachtenwallfahrt 2007 des Gauverbands I.

Trachtenwallfahrt 2007 nach Maria Eck: Der Zug hat nach langem Marsch die Wallfahrtskapelle erreicht und stellt sich nach einer Pause am Hang für den Festgottesdienst auf.

rem um Schuhplattler und Volkstänze, Singen und Musizieren sowie Mitwirkung bei kirchlichen und weltlichen Festen. Bei der Heimatpflege kann es sich zum Beispiel um Denkmalschutz oder um Marterl- und Kapellenpflege handeln. Sitz des Bayerischen Trachtenverbands ist Traunstein, seine Verbandszeitung heißt »Heimat- und Trachtenbote«.

Vielfalt der Tracht. Was früher alltägliches Gewand der Landbevölkerung war, hat heute einen anderen Stellenwert. Die »Gebirgstracht« in den Landkreisen entlang der Alpenkette ist zum Festgewand geworden. Getragen wird es bei Familienfeiern, Brauchtumsfesten und Umzügen, und zwar nicht nur von Mitgliedern der Trachtenvereine, sondern auch von anderen Brauchtumsgruppen, wie Gebirgsschützen und Heimatvereinen und in zunehmendem Maße auch von der Bevölkerung. Dass mitunter schmerzliche Stilbrüche begangen werden, tut der Tracht keinen Abbruch.

Ein hervorstechendes Merkmal der Gebirgstracht ist ihre Vielfalt. *Die* oberbayerische Tracht gibt es also nicht. Gemeinhin werden sechs Arten von Gebirgstrachten unterschieden (Wikipedia): Die Miesbacher, die Werdenfelser, die Isarwinkler, die Inntaler, die Ciemgauer und die Berchtesgadener Tracht. Sie unterscheiden sich nach Formen und Farben. Am bekanntesten und am weitesten verbreitet ist die Miesbacher Tracht. Ganz allgemein gehören zur Gebirgstracht bei den Männern die Lederhose mit Joppe und Hut, Frauen tragen lange und hochgeschlossene Gewänder, meist mit Weißzeug und (für verheiratete Frauen) mit Schalk (kostbares Seidengewand). Abbildungen zu den verschiedenen Trachten können unter www.isargau.de eingesehen werden.

Im Übrigen bemühen sich immer mehr Trachtenvereine außerhalb der Gebirgsregion, nicht einfach die »Miesbacher Tracht« zu übernehmen, sondern die Volkstracht ihrer eigenen Gegend neu zu beleben.

Einschlägige Brauchtumsfeste. Unter dem Motto »Tracht braucht Gemeinschaft« (Gauverband I) setzen die Festwarte alljährlich Gau-

Die Heldinnen und Helden der Trachtenwallfahrt Maria Eck sind müde: Nach über 5 km anstrengenden Marsches bergauf genießt man jetzt den Schatten der Kastanienbäume und einen Schluck kühles Bier.

und Bezirksfeste, Heimattage/-abende und Trachtenwallfahrten in Szene. Zwei besondere Höhepunkte im Veranstaltungskalender der Trachtler werden nachfolgend vorgestellt. Es handelt sich um die Trachtenwallfahrt und das Gaufest eines jeden Gauverbandes.

86. Gaufest 2007 des Bayerischen Inngau-Trachtenverbandes in Emmering: 51 Trachtenvereine mit fast 4800 Teilnehmern stellen sich zum großen Festzug auf. Mit dabei auch 22 Musikkapellen und 16 Festkutschen.

Wenn der Mai ins Land zieht, finden alljährlich die Trachtenwallfahrten der einzelnen Gauverbände statt. Berühmte Wallfahrten dieser Art sind die von Fischbachau nach Birkenstein (Oberlandler Gau), von Siegsdorf nach Maria Eck (Gauverband I), von Schleching nach Raiten (Chiemgauverband), von Steingaden zur Wieskirche (Oberer Lechgau) und von Peißenberg auf den Hohen Peißenberg (Lechgau), die letzte allerdings erst im September. Gewidmet sind sie den gefallenen oder vermissten Trachtlern. Obgleich von ernstem und wür-

devollem Charakter, erweisen sich die Wallfahrten als farbenfrohe Aufmärsche, an denen oft Tausende von Trachtlern und noch viel mehr Zuschauer teilnehmen. Zunächst versammeln sich die Vereine an einem festgelegten Platz und ziehen dann mit Vereinsfahnen und den Rosenkranz betend zur nahe gelegenen Wallfahrtskirche. In der Zugfolge geht ein Kreuzträger voran, dahinter folgen die Gaustandarte, die Vorstandschaft des Gaus und Vertreter der gastgebenden Gemeinden und dann die Trachtenvereine. Ein Gedenkgottesdienst schließt die Wallfahrt ab. Nicht selten wird die Feierlichkeit dieses Umzugs noch hervorgehoben durch Musikkapellen, Böllerschützen und Gesangsgruppen.

Bilder linke Seite: Oben die Parade der Fahnen vor dem Festzug beim Gaufest des Inngaus in Emmering;
unten beim gleichen Gaufest das besonders edle Beurer Gwand des GTEV »Edelweiß« aus Neubeuern.

Stolze Oma mit ihrem Enkel, einem »herzigen Buale«. Ihm steht förmlich ins Gesicht geschrieben, wie unbändig er sich freut, beim Gaufest des Inngaus dabei zu sein.

Meist im Juli/August findet ein anderer Veranstaltungshöhepunkt statt. Jeder der elf Trachtengauverbände in Oberbayern begeht sein jährliches Gaufest und präsentiert sich dabei der Öffentlichkeit. Termine und Orte sind von Jahr zu Jahr verschieden. Ausgerichtet wird das Gaufest jeweils von einem Trachtenverein, der meist ein eigenes Jubiläum begeht und deshalb die Ehre erhält, das Gaufest an seinem Heimatort zu organisieren. Zu Grunde liegt der Veranstaltung ein mehrtägiges Programm, dessen Höhepunkt ein Festgottesdienst mit anschließendem Festumzug am Sonntag ist. Vor allem an diesem Sonntag gehört der Veranstaltungsort den Trachtlern. Zunächst bietet sich dort noch ein unüberschaubares Getümmel von Männern, Frauen und Kindern in Trachten aller Formen und Farben. Dann geht ein Ruck durch die Ansammlung, sie beginnt sich wie von Geisterhand gelenkt zu ordnen, um dann in fast militärischer Gliederung durch die Straßen zu marschieren, wobei sie wunderschöne Bilder von farbenprächtigen Gewändern und Formationen abgeben. An den Vortagen wird das Fest umrahmt von diversen Einzelauftritten, wie Gaudirndldrahn, Gruppenplattln und Goaßlschnalzn sowie am Samstag von ehrendem Totengedenken und von einem großen Gauheimatabend. Zum Ausklang findet am Montag oft noch ein Kesselfleischessen statt.

19 Historisches Burgfest in Burghausen

■ **Anfahrt München:**
Auto A94/B12 bis Altötting, dann St 2108 nach Burghausen (ca. 115 km)
Bahn Ca. stündlich München-Mühldorf (U)-Burghausen. Fahrzeit gut 2 Std.

■ **Einkehr:**
Bayerischer Hof, Terrasse, kein Ruhetag
Zur Post, Terrasse, kein Ruhetag

Datum	Uhrzeit	Ort	InfoTel.
Alljährlich in der ersten Julihälfte; Freitag bis Sonntag (drei Tage)	Freitag ab 18 Uhr, Samstag ab 14 Uhr, Sonntag von 11 bis 18 Uhr	Stadtzentrum und Burggelände in Burghausen	0 86 77 / 887-141 oder 142 (TouristInfo Burghausen)
Quellen	www.burghausen.de; www.herzogstadt-burghausen.de		

Burghausen 1516. Herzog Wilhelm IV. gibt der Stadt die Ehre seines Besuches und lässt das Reinheitsgebot für Bier verkünden. Ein farbenprächtiges Ereignis, das alljährlich beim Burgfest in Szene gesetzt wird. Über 1500 Ritter, Landsknechte, Bauern und Straßenkünstler verwandeln Stadtplatz und Burghöfe in eine mittelalterliche Arena, in der rund 20 000 Zuschauer das Spektakel bewundern.

Wechselvolle Stadtgeschichte. Auch ohne Burgfest ist Burghausen eine Reise wert! Es ist vor allem der Stadtplatz, an dem das prächtige Ortsbild im Inn-Salzach-Stil und die städtebauliche Geschlossenheit

der Altstadt ins Auge fallen. Darüber thront malerisch die Burganlage, mit rund 1000 Metern die längste in Europa.

Jahrhunderte lang hat das Schicksal Burghausen begünstigt. Nach der ersten urkundlichen Erwähnung 1025 fallen später Burg und Talsiedlung an die Wittelsbacher und ab 1255 für 250 Jahre an die niederbayerischen Herzöge. 1307 zur Stadt und später zur Residenzstadt erhoben, beginnt Burghausen aufzublühen und gelangt zu Wohlstand, besonders durch die Mauteinnahmen beim Umschlag des Halleiner Salzes. Nach 1506 übernimmt Wittelsbach-München den Besitz. Vom 15. bis 18. Jahrhundert war Burghausen eine der fünf Regierungsstädte des Landes, ab 1581 auch Sitz eines Stadtrichteramtes.

Soeben ist der Herzog mit seiner Gemahlin in der Stadt eingetroffen und wird vom Bürgermeister im Namen der Abordnungen und der Bürger der Stadt begrüßt.

Bild linke Seite: Eine Kulisse, die immer wieder begeistert: der Stadtplatz in Burghausen mit seinen pastellfarbenen Häusern im Inn-Salzach-Stil und darüber die lang gezogene Front der Burgkomplexe.

Zu den Gästen des Herzogempfangs gehörte auch eine elegante Abordnung aus dem fernen Italien in farbenprächtigen Roben.

Doch dann wendet sich das Schicksal. Nachdem die Stadt 1594 ihre Mauteinnahmen verliert, beginnt eine »mehrhundertjährige Periode des administrativen und wirtschaftlichen Niedergangs«. Verheerende Stadtbrände und Kriegswirren ziehen über die Stadt hinweg, mit dem Teschener Frieden 1779 verliert sie zudem das Innviertel an Österreich und ist jetzt Grenzstadt. Im 19. Jahrhundert werden schließlich der Titel »Hauptstadt« aberkannt, die Flussschifffahrt eingestellt und die Garnison nach Landshut verlegt. Burghausen war am Tiefpunkt angelangt.

Nach Begrüßung des Herzogs und Verkündung des Reinheitsgebots für Bier ziehen Edelleute, Landsknechte und Bauernvolk hinauf zur Burg, um den Anlass zu feiern.

1915 aber wehte ein neuer Wind durch die Stadt. Die Wacker-Chemie-Werke hatten sich angesiedelt und die Stadt gewann wieder an wirtschaftlichem Gewicht. Nachdem die Altstadt saniert und die Neustadt errichtet war, zeigt sich Burghausen heute wieder als lebenswerte Kommune und als eine der schönsten Städte an Inn und Salzach.

1967 gründeten die Burghausener einen historischen Verein, der sich zur Aufgabe machte, die Zeit der bayerischen Frührenaissance und die Epoche der Landsknechte vor Augen zu führen, und zwar aus der Regierungszeit Herzog Wilhelm IV. von 1508 bis 1550. 1997 wurde der Verein in »Herzogstadt Burghausen e.V.« umbenannt. Er organisiert seit 1998 das Burgfest, dessen Ursprünge bis 1913 zurückreichen.

Bild unten links: Das Herzogpaar erreicht mit Gefolge den Hof der Hauptburg. Bild unten rechts: Man sieht bunte Zeltlager mit mittelalterlichem Lagerleben in den Höfen der Burganlage.

Ein Fest der Sinne. Fanfarenstöße und Trommelwirbel kündigen den Einzug des Herzogs in die Stadt an. Am ehemaligen Regierungsgebäude mit Kuppeltürmchen und kurbayerischem Wappen haben sich Empfangskomitees versammelt, Repräsentanten der Ritterschaft ebenso wie Vertreter niedriger Stände, aber auch hochrangige Gäste aus dem Ausland, alle in prächtigen Gewändern nach historischem Vorbild und originalgetreuer Ausrüstung. Zahlreiche Zuschauer füllen den Stadtplatz und verfolgen das Spektakel. Es herrscht Feststimmung, die Altstadt Burghausens ist in ein Meer von Farben getaucht.

Nach dem Herzog erreichen auch erste Abteilungen des Festzuges den Innenhof der Hauptburg und schicken sich an, das Burgfest zu feiern.

Begrüßt werden der Herzog und sein Gefolge vom Bürgermeister der Stadt, dann folgt ein historischer Akt: Wilhelm IV. lässt das in Ingolstadt erlassene und bis heute gültige Reinheitsgebot für Bier verkünden. Es besagt im Kern nichts anderes, als dass nur Hopfen, Malz und Wasser ins Bier gehören. Und wie zur Bestätigung findet noch ein Bieranstich statt, dann aber fordert der Herzog auf, sich zum großen Festzug zu formieren, um auf der Burg den Anlass gebührend zu feiern. Begleitet von Trommelwirbel, Fanfarenbläsern und Fahnenschwenkern setzt sich der bunte Zug von Edelleuten hoch zu Ross, Rittern zu Fuß, Bauernvolk und Straßenkünstlern in Bewegung, und zieht zur Burg hinauf. Dort herrscht in den Innenhöfen an extra errichteten Zelten bereits reges Lagerleben, Handwerkerstände demonstrieren alte und bereits ausgestorbene Berufszweige und eine Reihe von Buden und Biergärten fordern die Besucher zur Einkehr auf. Wilhelm IV., seine Gemahlin und das Gefolge erreichen schließlich den Innenhof der Hauptburg und beginnen nun mit ausgewählten Gästen die Feierlichkeiten in der Dürnitz. Im Übrigen aber feiern die Abordnungen und Besucher das Burgfest auf ihre Weise und genießen die öffentlichen Darbietungen, die am Samstag bis in die späten Abendstunden und am Sonntag bis in den Nachmittag andauern.

20 »Ruethenkinder« erobern Landsberg

■ **Anfahrt München:**
Auto A96 bis AS Landsberg-Ost, dann ins Zentrum (ca. 60 km)
Bahn Verbindung München-Kaufering (U)-Landsberg in kurzen Abständen; Fahrzeit knapp 1 Std.
■ **Einkehr:** Gasthof zum Mohren, Biergarten, kein Ruhetag

Datum	Uhrzeit	Ort	InfoTel.
Alle vier Jahre um die Julimitte (9 Tage); letztmals 2007	Samstag 19.30 bis übernächsten Sonntag 20 Uhr	Altstadt von Landsberg am Lech	0 81 91 / 128-246 oder 245 (TouristInfo Landsberg a.L.)
Quellen	www.landsberg.de; www.ruethenfest.de; www.ammersee-region.de		

Alle vier Jahre feiert Landsberg am Lech sein berühmtes Ruethenfest, eines der ältesten und schönsten Kinderfeste Bayerns. Über 1100 Buben und Mädchen spielen Szenen aus der Stadtgeschichte und verleihen der schmucken Altstadt jugendlichen Zauber und Glanz.

Ursprung des Festes. Wie es in einer Pressemitteilung der Stadt Landsberg am Lech heißt, ist der Brauch des Rutenholens zwar schon 1751 nachweisbar, lebte aber erst um 1827 wieder auf. Es muss so etwas wie ein Schulausflug gewesen sein, als Lehrer und Schüler im Frühjahr hinauszogen, um Zweige (Ruethen = Ruten) von Büschen und Sträuchern zu brechen und sie als Zeichen der erwachenden Natur in die Stadt zu bringen. Thema des Ruethenfestes ist aber nicht nur dieser Brauch, sondern auch die über 800-jährige Geschichte der Stadt. Ihre Eckpunkte: zuerst entstand um 1160 eine Burg Heinrichs des Löwen, die Salzstraße und Lechübergang in Landsberg schützen sollte, dann entwickelte sich Mitte des 13. Jahrhunderts am Lech eine befestigte Marktsiedlung. Sie wurde später zur Stadt erhoben. Ab dem späten Mittelalter erhielt Landsberg Rechte als Salzniederlage, Warenumschlagsort und Zollstation, was zu lang anhaltender Blütezeit und Wohlstand führte, unterbrochen nur von den

Der malerische Hauptplatz in Landsberg mit dem Schmalzturm (14. Jh.) und bunten Fassaden. Zahlreiche Zuschauer warten auf den Beginn des Festzugs, eine Musikkapelle unterhält währenddessen.

Endlich erreicht der Festzug mit den vier Fanfarenbläsern an der Spitze die Altstadt, dahinter folgen historisch kostümierte Gruppen und aufwändig geschmückte Festwagen.

Wirren des Dreißigjährigen Krieges und vom Einfall der Panduren (1742). Im 17. und 18. Jahrhundert war Landsberg zudem künstlerisches Zentrum, in der Stadt wirkte unter anderem der Erbauer der Wieskirche, Dominikus Zimmermann.

Kern und Ursprung des Landsberger Ruethenfestes: Ruethenkinder, hier die Gruppe der Mädchen, ziehen durch die Stadt und grüßen mit ihren Zweigen die Bürger am Straßenrand – wie in alten Zeiten!

Fußtruppe von Kaiser Ludwig dem Bayer, dargestellt von Landsberger Buben, beim Einzug in die Stadt.

Höhepunkte. Beim Ruethenfest im mittelalterlichen Stadtkern lassen historische Tänze, Festumzüge, buntes Lagerleben und Musikaufführungen diese Geschichte wieder aufleben. Dass es heute zu den berühmten Brauchtumsveranstaltungen Oberbayerns zählt und jedes Mal Scharen von Zuschauern anlockt, ist zuerst dem Ruethenfestverein zu verdanken. Seine Mitglieder und Helfer bereiten jedes Mal das Großereignis monatelang vor. Eröffnung ist am ersten Samstag auf dem Hauptplatz, der mit der Rathausfassade (1719) von Dominikus Zimmermann, dem Marienbrunnen von 1783 und dem Schmalzturm aus dem 14. Jahrhundert ein malerisches Bild abgibt. An den folgenden Tagen finden besondere Veranstaltungen statt: am ersten Sonntag ein Historischer Ruethenfestabend und am Dienstag danach eine Große Bläserserenade am Hauptplatz. Dort wird auch am Mittwochabend um 21 Uhr die Carmina Burana aufgeführt, Carl Orffs weltberühmtes Werk aus dem Codex Buranus, einer Handschrift um 1230 mit Liedern aus Benediktbeuern. Der Freitagabend steht ganz im Zeichen eines mittelalterlichen Spectaculums, bevor am Samstag und Sonntag des zweiten Wochenendes das Fest seine Krönung findet. Tausende von Zuschauern belagern die Altstadt, überall sind Akteure am Werk: am Sandauer Tor Landsknechte, die Schweden am Bayertor, einer der schönsten spätgotischen Toranlagen Süddeutschlands aus dem Jahre 1425, die Panduren besetzen die Lechstraße und auf dem Schlossberg steht das Lager der Kaiserlichen. Dazwischen werden Standkonzerte und historische Tänze dargeboten.

Beschlossen wird der Festzug vom Bayernwagen mit der Patrona Bavariae, der Schutzpatronin Bayerns.

80 Mädchen in bunten Kleidern versinken auf dem Blumenwagen förmlich in einem Meer von Blumen, das die Blütenpracht des Frühlings veranschaulichen soll.

Absoluter Glanzpunkt aber ist der Historische Festzug durch die Straßen Landsbergs, der an beiden Tagen jeweils ab 14 Uhr stattfindet. Angeführt wird er von vier Fanfarenbläsern zu Pferd sowie dem Ruethenfestherold mit Standarte und zwei berittenen Begleitern. Dahinter folgen diverse Gruppierungen in originalgetreuer Aufmachung: Abteilungen zu Fuß, wie die Ruethenzüge der Knaben und Mädchen, die dem Fest seinen Namen gegeben haben oder mittelalterliche Gruppen, so das Fähnlein Landsknechte, schwedische Soldaten oder Panduren; dazwischen fahren immer wieder aufwändig gestaltete Fest- und Themenwagen, unter anderen Blumenwägen, ein Bayertorwagen, der Dominikus-Zimmermann-Wagen sowie zum Schluss der Bayernwagen mit der Patrona Bavariae vorbei. Jede Abteilung wird von Herolden hoch zu Ross angekündigt, für Marschmusik und Rhythmus sorgen zahlreiche Spielmannszüge, Trommler und Fahnenschwinger. Es ist ein farbenprächtiges Schauspiel, das in eineinhalb Stunden eindrucksvolle Bilder aus der Geschichte Landsbergs liefert und auch deshalb begeistert, weil es zu großen Teilen von Landsberger Mädchen und Buben bestritten wird. Schade, dass es nur alle vier Jahre über die Bühne geht!

21 Marktbeleuchtung in Neubeuern

■ **Anfahrt München:**
Auto A8 bis AS Rosenheim, dann B15 bis Kirchdorf und von dort nach Neubeuern (ca. 70 km)
Bahn Regelmäßige Verbindung München-Rosenheim (U Bus)-Neubeuern; Fahrzeit ca. 1:15 Std.
■ **Einkehr:**
Gasthof Hofwirt, Terrasse, Mi Ruhetag; Café Restaurant Burgdacherl, Terrasse, Mo Ruhetag

Datum	Uhrzeit	Ort	InfoTel.
Alljährlich an einem Samstag Mitte Juli	Beginn ca. 17 Uhr, Dauer bis in den späten Abend	Historischer Marktplatz in Neubeuern	0 80 35 / 21 65 (Verkehrsverein Neubeuern)
Quellen	www.neubeuern.de		

Ein historischer Marktplatz wie aus dem Bilderbuch, in seiner Mitte Scharen von Festbesuchern und das Ganze umrahmt von 10 000 leuchtenden Kerzen – die Rede ist vom Lichterfest in Neubeuern, das bereits über 40 Mal zu Füßen des Schlosses stattgefunden hat.

Lichterfest vor malerischer Kulisse. Die Quellen über die Entwicklung dieses Dorffestes sind spärlich. Bekannt ist die Schilderung einer »Abendfeier auf dem Markt Neubeuern« von 1933. Ob das Dorffest schon damals regelmäßig stattfand, war nicht zu erfahren, sicher ist aber, dass es seit den 1960er-Jahren fester Bestandteil des Festka-

lenders geworden ist und 2008 immerhin zum 45. Mal über die Bühne geht.

Das Besondere am Lichterfest: sein Schauplatz! Nicht irgendein Marktplatz ist es, sondern einer der schönsten in Oberbayern. Er war mehrfach Kulisse für Heimatfilme. Denkmalgeschützte Häuser mit Giebeldächern, Erkern und bemalten Fassaden, die reich mit Blumen geschmückt sind, umstehen den Florianibrunnen in der Platzmitte, während über dem Ganzen das Schloss Neubeuern auf einem Felsen thront. Bereits 1982 wurde Neubeuern zum schönsten Dorf Deutschlands gekürt.

Noch bevor es ganz dunkel wird, brennen bereits Reihen von Windlichtern an den Hausfassaden und erzeugen eine magische Stimmung.

Bild linke Seite: Der mit Besuchern prall gefüllte Marktplatz in Neubeuern beim Lichterfest im Juli 2007.

So sitzen dann beim Lichterfest Tausende Zuschauer an Biertischen und lassen sich Grillfleisch oder Steckerlfisch und ein frisches Bier munden. Auf einer Freilichtbühne unter den Kastanienbäumen läuft ein Programm nach Art bayerischer Heimatabende ab: Trachtengruppen zeigen alte Tänze, ein Gesangsduo trägt Stücke in bayerischer Mundart vor, Alphornbläser entlocken ihren Instrumenten sonore Klänge und Goaßlschnalzer postieren sich mitten in den Zuschauern und knallen mit ihren Peitschen.

Je dunkler es wird, desto mehr treten die roten Windlichter in Erscheinung, die in Fenstern, an Fassaden und auf dem Kopfsteinpflaster angebracht sind. Rund 10 000 Kerzen sollen es sein, die ihren Schein auf den Marktplatz werfen und eine fast feierliche Stimmung verbreiten. Das Lichterspiel kommt jedenfalls gut an, denn es wird bis in den späten Abend gefeiert.

Zu den Künstlergruppen, die beim Lichterfest in Neubeuern die Besucher unterhalten, gehören auch die Hafenstoaner Alphornbläser.

22 Alte Fischerbräuche am Starnberger See

■ Anfahrt München: Auto A95/A952 bis Starnberg (28 km), weiter auf St 2063 bis Tutzing (39 km)
Bahn S6 über Starnberg (Fahrzeit 35 Min.) bis Tutzing (Fahrzeit 46 Min.)
■ Einkehr: Starnberg: Undosa Seerestaurant, Seeterrasse, kein Ruhetag
Tutzing: Wirtschaft zum Häring, Seeterrasse, kein Ruhetag
Tutzinger Hof, Biergarten, kein Ruhetag

Datum	Uhrzeit	Ort	InfoTel.
Fischerstechen alle 5 Jahre, letztes Juli 2007; Fischerhochzeit alle 5 Jahre letzte Juli 2006	Ablauf beider Veranstaltungen gemäß Sonderprogramm	Fischerstechen in Starnberg am Ufer nahe Undosa; Fischerhochzeit in Tutzing im Ort und am Seeufer	0 81 51 / 90 600 (Tourismus-Verband Starnberger Fünf-Seen-Land)
Quellen	www.trachtenverein-starnberg.de; www.tutzing.de/aktuell		

Es geht um zwei traditionelle Brauchtumsveranstaltungen am Starnberger See: das Prinz-Luitpold-Fischerstechen in Starnberg, eine Art Lanzenstoßen zweier Fischer auf Booten, und die Tutzinger Fischerhochzeit, bei der eine Episode zwischen Wahrheit und Legende inszeniert wird. Beide finden sie im Rhythmus von fünf Jahren statt.

Prinzregent-Luitpold-Fischerstechen in Starnberg. Über 500 Jahre ist der Brauch des Fischerstechens schon alt, 1501 soll er in Meißen zum ersten Mal gezeigt worden sein, 1536 fanden Stechen auch auf der Isar in München und um 1592 in Nürnberg auf der Pegnitz statt. Sie verbreiteten sich über ganz Deutschland. Eines der heute bekanntesten Fischerstechen wird alle vier Jahre in Ulm veranstaltet.
Natürlich wurde und wird der Brauch auch an oberbayerischen Seen gepflegt. Kurfürst Ferdinand Maria soll bereits Mitte des 17. Jahrhunderts bei seinen Prunkfesten am Starnberger See Fischerstechen angesetzt haben, nachgewiesen sind sie jedoch erst ab 1784. Doch bald geraten sie in Vergessenheit und kommen erst 1907 wieder auf. Damals stiftete Prinzregent Luitpold einen Wanderpokal in Gold und übertrug die Ausrichtung des ersten Stechens dem neu gegründeten Volkstrachtenverein Starnberg. Das Fischerstechen, heute eine renommierte Brauchtumsveranstaltung, wie auch der Volkstrachtenverein feierten also 2007 ihr 100-jähriges Jubiläum.

Zum Prinzregent-Luitpold-Fischerstechen gehört auch der traditionelle Fischertanz, der von Mitgliedern des Volkstrachtenvereins in der kostbaren Starnberger Fischertracht aufgeführt wird.

Der große Moment ist gekommen: Das Fischerstechen steht vor der Entscheidung, die Gladiatoren in Fantasiekostümen, bewaffnet mit Lanzen, marschieren auf und werden paarweise zum Stechen aufgerufen.

Zwischen 1907 und 1957 fanden, bedingt durch die beiden Weltkriege, nur vier Stechen in Starnberg statt, seither aber kann man alle fünf Jahre das Spektakel mitverfolgen. Beim Stechen selbst treten jeweils zwei Fischer auf Flachbooten gegeneinander an, an den Riemen sitzt der Ruderer, auf dessen Geschicklichkeit es besonders ankommt, auf einem ausladenden Brett steht der Fischer und versucht mit einer gepolsterten Lanze, seinen Gegenüber ins Wasser zu stoßen. Der im KO-System ermittelte Endsieger ist dann »Fischerkönig am Starnberger See«. Gekürt werden kann allerdings nur ein Berufsfischer, Sportfischer treten außer Konkurrenz an.

Minutenlang taktieren die beiden Kontrahenten und versuchen, den entscheidenden Stoß zu setzen – wenn es dann gelingt, stürzt der Verlierer in theatralischer Pose ins Wasser – zum großen Vergnügen der Zuschauer im Garten des Undosa Restaurants und am Ufer.

Auf geschmückten Hochzeitsbooten wird die Braut Veronika aus Ambach mit Anhang nach Tutzing gebracht, wo sie feierlich vom Bräutigam Michael und den Tutzinger Bürgern empfangen wird.

Tutzinger Fischerhochzeit. Nur gut zehn Kilometer weiter südlich liegt der Urlaubs- und Ausflugsort Tutzing, wo alle fünf Jahre die Fischerhochzeit in Szene gesetzt wird. Es ist eine herzergreifende Geschichte, die sich in ihren Grundzügen wohl einmal ereignet hat und 1929 vom örtlichen Kreisheimatpfleger so ausgeschmückt wurde, dass daraus ein historisches Festspiel entstand. Berichtet wird, dass die Fischerei in früheren Jahrhunderten lange Zeit die Haupterwerbsquelle des Ortes Tutzing bildete. Um die Fischrechte war ein steter Kampf im Gange, zum einen zwischen den Hoffischern und der Herrschaft der Hofmark Tutzing, andererseits zwischen gemeinen Fischern und der Hofkammer. Zwei Männer standen sich besonders feindselig gegenüber: Graf Friedrich Josef von Vieregg als Schlossherr und der Hoffischer Gröber vom »Guggenhof«, beide unnachgiebig und unversöhnlich. Der Graf sann auf Rache an dem aufsässigen Hoffischer und bewirkte, dass dessen Sohn Michael, der eigentlich Veronika, die Tochter eines Fischermeisters aus Ambach heiraten sollte, zum Militär eingezogen und nach Russland verlegt wurde, sehr zum Leidwesen seines Vaters. Nach Ende des Feldzugs kehrten die Reste des geschlagenen Heeres zurück, nicht aber Michael. Man habe ihn erfroren aufgefunden, hieß es. Diese Todesnachricht traf die Fischerstochter aus Ambach schwer, die jetzt erkannte, dass sie Michael mehr zugetan war, als sie das bei seinem früheren Werben wahrhaben wollte.

Eines Tages tauchte in Tutzing ein Landstreicher auf, den niemand erkannte, außer Veronika aus Ambach: es war Michael. Sie gesteht ihm ihre Liebe und sie beschließen zu heiraten. In Tutzing herrscht große Freude über die unverhoffte Rückkehr und die Hochzeit wird zum festlichen Ereignis, an dem auch Graf Vieregg teilnimmt, und nicht nur das, er versöhnt sich auch mit dem alten Gröber und den Tutzingern und alles ist eitel Sonnenschein.

Das Festspiel der Tutzinger Hochzeit dauert fast eine Woche. Höhepunkte sind vor allem die Eröffnungsfeier am Donnerstag, der Polterabend am Samstag mit anschließendem Tanz auf der Hauptstraße und natürlich der Sonntag, der zunächst mit einem Böllerschießen beginnt. Dann versammeln sich die Hochzeitsgäste vor dem »Gröberhof« und ziehen zum Dampfersteg, wo die Braut aus Ambach empfangen und zum gemeinsamen Gottesdienst geleitet wird. Es schließt sich die Trauung im Tutzinger Schloss an und – nach dem Mittagessen – der große Festzug durch den Ort. Die Hochzeitsfeier im Festzelt und in den Wirtshäusern zieht sich bis tief in die Nacht hin.

Der Höhepunkt des Festes: das Brautpaar Veronika und Michael, im Bild neben dem Regie führenden Hochzeitslader, zeigt sich auf dem Balkon des Tutzinger Schlosses der Bevölkerung des Ortes.

23 Ritterspiele aus dem Mittelalter

Datum	Uhrzeit	Ort	InfoTel.
Kaltenberg: 10 Vorstellungen im Juli; Kiefersfelden: 10 Vorstellungen Juli bis Sept.	Kaltenberg dreimal 11.30-19.30, sonst 16.30-00.30 Uhr; Kiefersfelden zweimal 13.30, sonst 19 Uhr	Schlossgelände Kaltenberg; Volkstheater Kiefersfelden	018 05 / 11 33 13 (Kartenstelle Kaltenberg); 080 33 / 97 65 27 TouristInfo Kiefersfelden)
Quellen	Kaltenberg: www.ritterturnier.de; www.mittelalter-abc.de; Kiefersfelden: www.ritterschauspiele-kiefersfelden; www.kiefersfelden.de		

■ **Anfahrt München:**
Kaltenberg
Auto A96 bis AS Windach, dann über Geltendorf (ca. 55 km)
Bahn S8 bis Geltendorf u. Bus, Fahrzeit ca. 1 Std.
Kiefersfelden
Auto A8/A93 bis AS Kiefersfelden (ca. 90 km)
Bahn Regelmäßige Verbindung über Rosenheim (U) bis Kiefersfelden, Fahrzeit 1:20 Std.
■ **Einkehr:** Kaltenberg: Ritterschwemme, Terrasse, kein Ruhetag
Kiefersfelden: Gruberhof, Terrasse, kein Ruhetag

Kaltenberg und Kiefersfelden – zwei Namen, die sich dem Rittertum des Mittelalters verschrieben haben. Während in der Kaltenberger Arena alljährlich das größte Ritterturnier der Welt steigt, wird in Kiefersfelden auf der ältesten deutschen Volksbühne seit 400 Jahren Theater gespielt, ab 1833 vor allem Ritterschauspiele, in denen »hart gefochten und heftig geliebt« wird.

Ritterspektakel in Kaltenberg. Auf halber Strecke zwischen Fürstenfeldbruck und Landsberg erhebt sich auf einem bewaldeten Hügel das Schloss Kaltenberg. Wenn auch die jetzige Anlage mit vier Flügeln, Bergfried und Torbau den neugotischen Umbau ab 1845 widerspiegelt, reicht die beurkundete Baugeschichte bis zum 13. Jahrhundert zurück. Besitzer des Schlosses ist Luitpold Prinz von Bayern, Urenkel des letzten bayerischen Königs. Er ist auch der Ini-

Ritterturnier Kaltenberg 2006: Voll besetzte Zuschauerränge und Aufmarsch der Gladiatoren in der Arena.

Ritterturnier Kaltenberg 2006: Farbenprächtig aufgemachte Ritter galoppieren in die Arena und begrüßen die Zuschauer.

tiator der Ritterspiele. Hoch begeistert von einer Turniervorführung auf einem englischen »Castle«, beschloss er, auch in Kaltenberg ein Turnier zu veranstalten. Das war 1979. Damals konnte er freilich nicht ahnen, dass dieses Turnier zum größten Ritterspektakel der Neuzeit mit über 1000 Akteuren aufsteigen würde, jedes Mal bestaunt von mehr als 100 000 Zuschauern. Trotz aller Superlative müssen die Kaltenberger bisweilen auch Kritik erdulden: vieles sei nicht authentisch und zu showlastig, zu sehr auf touristische Ansprüche ausgerichtet. Das aber tut dem Ritterfest keinen Abbruch. Es passe gut in unsere Zeit, wie der Prinz einmal sagte, weil ein starkes Bedürfnis da sei, sich mit der Vergangenheit zu befassen.

Ob nun wahres Brauchtum oder mehr Zuschauerspektakel, hohe Qualität haben die Darbietungen in Kaltenberg allemal, und ein nachhaltiges Erlebnis sind sie schon deshalb, weil sie faszinierende Bilder und unvergessliche Eindrücke vermitteln. Da ist die 1985 errichtete Turnierarena, wo bei spektakulären Reit- und Kampfszenen Kreuzzugatmosphäre aufkommt und wo sich der »gute« bayerische Ritter mit dem Schwarzen

Bild oben: Traditionelles Duell in Kaltenberg: der ruchlose Schwarze Ritter gegen den edlen bayerischen. 2007 entschieden erstmals die Besucher, wer gewonnen hatte.

Ritter duelliert, bei offenem Ausgang. Das Turnier ist ohne Zweifel der Glanzpunkt der Veranstaltung. Bevölkert wird das Areal des Schlosses von einer bunten mittelalterlichen Gesellschaft aus stolzen Reitern und edlen Burgfräulein, alle in prachtvollen Roben, aber auch einem Heer an Knappen, Stallknechten, Gauklern und Tänzern. Effektvolle Schauplätze neben dem Turnier sind die stimmungsvolle Gauklernacht mit ihren diversen Shows und den fantastischen Farb- und Lichtspielen sowie der mittelalterliche Handwerkermarkt mit über 100 Ständen, auf dem zum Beispiel eine Köhlerhütte oder eine Schmiedewerkstatt zu besichtigen sind. Auf Nebenbühnen finden Tänze und kleine Konzerte statt. Das Schlossgelände ist ein einziger quirliger Festplatz.

Ritterschauspiele mit Tradition. Szenenwechsel. Wir befinden uns jetzt im reizvollen Inntal nahe den Massiven des Kaisergebirges im Dorf Kiefersfelden. Während in dem nur wenige Kilometer entfernten österreichischen Erl alle sechs Jahre Passionsspiele stattfinden, hat sich Kiefersfelden mit Ritterschauspielen einen Namen gemacht und zwar weit über die Grenzen hinaus. Die Chronik des Theaters, beginnend mit dem Gründungsjahr 1618, zeigt einen wechselvollen Verlauf, geprägt von zahlreichen Spielverboten und spielfreien Jahren. Zu Beginn stehen vornehmlich Passionen und Geistliche Stücke auf dem Programm, ab 1833 werden dann romantische Ritterschauspiele aufgeführt. Wirklich regelmäßiger Spielbetrieb ohne weitere Verbote und Unterbrechungen ist aber erst von 1947 an möglich. 2005 schließlich entsteht der Förderverein der »Ritterschauspiele Kiefersfelden«, dessen Hauptaufgabe darin besteht, die finanzielle

Ritterturnier Kaltenberg 2005: in der Gauklernacht wird der Besucher mit Musik, Tanz und Akrobatik in eine mystische Welt entführt.

Bild linke Seite unten: Umrahmt wird das Ritterturnier von einem mittelalterlichen Markt, der Einblicke in alte Handwerksberufe gewährt, wie hier in eine Schmiede.

und ideelle Unterstützung der Spiele sicherzustellen. Zwei Namen prägen die Historie des Theaterstadels in Kiefersfelden: Joseph Georg Schmalz (1793–1845), Drehbuchautor, auch »Bauernshakespeare von Kiefersfelden« genannt, von dem heute noch zwölf Stücke zum »eisernen Bestand« des Kieferer Repertoires zählen. Der zweite hieß Sylvester Greiderer, war zwischen 1887 und 1899 Spielleiter und Musikmeister und bearbeitete später nicht nur die Dramen von Schmalz, sondern komponierte für die Ritterdramen auch alle Bühnenmusiken, die heute noch gespielt werden.

Ritterschauspiel »Siegfried und Ludmilla« 2007 in Kiefersfelden: Ränkespiel auf Burg Arnsbach zwischen Siegfried (links), seinem Bruder Reinhold (rechts) und dem Grafen Guido (sitzend in der Mitte).

Wenn auch das Thema beider Veranstaltungen ähnlich ist, die Atmosphäre in Kiefersfelden ist eine ganz andere als in Kaltenberg. Während in Kaltenberg auf großem Areal das Zusammenwirken von Pferd und Reiter in atemberaubenden Stunts, Kunststücken und Kampfszenen im Mittelpunkt steht, wird von den Kieferer Laiendarstellern anspruchsvolles Volkstheater dargeboten und zwar mit allem was dazu gehört: spannende und transparente Handlung, dramati-

sche Dialoge, nostalgisch gefärbt, dazu verwegenes Figurenspiel mit schneidigen Gesten und stellenweise herrlichem Pathos, bei dem die Besucher auch mal herzhaft lachen dürfen. Das Ganze geschieht auf einer Bühne, die heute noch als einzige regelmäßig bespielte Drehkulissenbühne mit bemalten Wänden nach barockem Vorbild gilt. Man merkt es an jedem Detail, beim Spiel als auch an der Bühnentechnik: hier ist eine Spielleitung am Werk, die mit ganzem Herzen dabei ist und liebevoll inszeniert. Vor sittenstrengen Brauchtumshütern brauchen sich die Kieferer im Gegensatz zu Kaltenberg jedenfalls nicht zu fürchten, denn ihren Ritterschauspielen wurde das Prädikat »volksbildend und künstlerisch besonders wertvoll« zuerkannt – von keinem Geringeren als dem bayerischen Kultusminister.

»Siegfried und Ludmilla« 2007: Oben die Söhne des Grafen von Arnsbach, Siegfried der edle (links) und Reinhold der infame (rechts).

Kein Ritterschauspiel ohne »Happy End«. Siegfried und Ludmilla haben sich trotz Intrigen in Liebe gefunden und alle stimmen in den Lobessang mit ein.

2007 stand das romantische Ritterschauspiel »Siegfried und Ludmilla« auf dem Spielplan. Es ging um eine Intrige, gerichtet gegen den Grafen von Arnsberg und dessen Sohn Siegfried. Doch das Ränkespiel schlug fehl, Siegfried behielt die Oberhand und konnte nun Ludmilla, die Tochter seines Widersachers, des Grafen von Geroldsburg, heiraten.

24 »Bozener Markt« in Mittenwald

■ **Anfahrt München:**
Auto B11 über Wolfratshausen-Kochel bis Mittenwald (ca. 100 km)
Bahn Regelmäßige Verbindung München-Garmisch-Mittenwald, Fahrzeit ca. 2 Std.

■ **Einkehr:**
Gasthof Alpenrose, Terrasse, kein Ruhetag
Hotel Post, Terrasse, kein Ruhetag

Datum	Uhrzeit	Ort	InfoTel.
Alle fünf Jahre im August; zuletzt 2007	Beginn an einem Samstag, ca. 11 Uhr, Dauer neun Tage	Markt Mittenwald, Ortsmitte am Obermarkt	0 88 23 / 33 98-1 (TouristInfo Mittenwald)
Quellen	www.mittenwald.de; www.mittenwald-aktiv.de; www.bayern.by/de;		

Über 500 Jahre ist es her, dass die Venezianer beschlossen, ihren florierenden aber von Übergriffen bedrohten Umschlagsmarkt von Bozen nach Mittenwald zu verlegen. Ein Glücksfall für den Werdenfelser Ort, denn es begann eine Blütezeit, die fast 200 Jahre andauerte. Seit 1987 feiert Mittenwald diese Ära alle fünf Jahre mit einer Festwoche.

Stilgerecht kostümierte Musikerinnen der Gruppe Braagas aus Tschechien bieten mit historischen Instrumenten Musik des Mittelalters dar.

Bild linke Seite: Beim Bozener Markt in Mittenwald verwandelt sich der schmucke Obermarkt in einen mittelalterlichen Straßenzug, mit Ständen, Straßenkünstlern und Bürgern in originalen Gewändern.

Wie Bozen nach Mittenwald kam. Die Republik Venedig schwelgte Ende des 15. Jahrhunderts in Macht und Reichtum. Zwar hatte sie im Osten ihre beherrschende Stellung verloren, der Mittelmeerhandel und der Warenaustausch zwischen Byzanz und dem Heiligen Römischen Reich aber füllte die Kassen Venedigs im Übermaß. Zentrum für den Warenumschlag war Bozen. Dann kam Sigmund von Tirol ins Spiel. Er war Erzherzog von Österreich und Regent von Tirol und Vorderösterreich. Angesichts akuten eigenen Geldmangels blickte er neiderfüllt auf Venedigs Schätze und beschloss 1487, einen Krieg gegen die venezianischen Kaufleute zu führen, in der Hoffnung, reiche Beute einzufahren. Daraus wurde freilich nichts, doch um weiteren kriegerischen Begehrlichkeiten vorzubeugen, verlegte Venedig seinen Umschlagsplatz in Bozen kurz entschlossen nach Mittenwald. Dort lagen stabile politische Verhältnisse ebenso vor, wie günstige geographische und verkehrsmäßige Voraussetzungen. So lag Mittenwald an der ehemaligen Römerstraße, einer alten Handelsstraße zwischen Venedig und der nördlichen Handelsmetropole Augsburg. In diesem Zusammenhang ließ der Bayernherzog Albrecht 1492 auch die Kesselbergstraße erbauen und verkürzte damit den Weg nach München.

Wie auf der Website Mittenwalds zu lesen ist, machte der zeitweilig abgehaltene Bozener Markt »aus Mittenwald einen Ort mit interna-

Auch der Mittenwalder Madrigalchor gehört zum Künstlerkreis des Bozener Marktes und singt stets a capella.

tionaler Bedeutung. Seine Bürger gelangten zu Wohlstand und Ansehen. Mittenwalds Speicher und Lager quollen über von Waren aus dem Süden, von Gewürzen und Südfrüchten, Baumwolle, Weihrauch, Edelsteinen, Samt und Seide, Öl und Wein. Aus dem Norden kamen vor allem Kupferprodukte und Weißbleche, Rüstungen und Waffen, Tuche, Messing, Eisen und Haushaltswaren«. Noch heute zeugen in Mittenwald breite Toreinfahrten, Tonnengewölbe und Straßennamen von dieser Glanzzeit.

Nachdem 1679 der Umschlagmarkt nach Bozen zurückverlegt worden war, verlor Mittenwald an Bedeutung, schrieb aber bald darauf eine neue Erfolgsgeschichte. Der Mittenwalder Geigenbauer Matthias Klotz war es, der um1685 eine Lautenmacherwerkstatt gründete, aus der sich der Mittenwalder Geigenbau entwickelte. Noch heute wird er in Mittenwald betrieben, mehr noch, er zählt in unseren Tagen zu den bedeutendsten Geigenbauzentren der Welt.

Gang über den Bozener Markt. Schauplatz des Historienfestes ist der Obermarkt in Mittenwald, auch ohne Fest eine Augenweide. An der Nordseite erhebt sich der bemalte Barockturm der Pfarrkirche St. Peter und Paul, davor steht ein Denkmal des Geigenbauers Matthias Klotz. Die verkehrsfreie Straße selbst ist flankiert von giebelständig gereihten Bürgerhäusern mit vorspringenden

Dächern, geschmückt zum Teil mit kunstvollen Lüftlmalereien, wie der Gasthof Alpenrose, das Hotel Post und das Neunerhaus. Zwischen den Blumentrögen und entlang des stellenweise frei fließenden Marktbaches flanieren die Leute und über allem ragt die imposante Westflanke des Karwendelgebirges empor.

Bild linke Seite oben: Sie dürfen auf keinem mittelalterlichen Fest fehlen: Gaukler und Feuerschlucker.

Bild linke Seite unten: Geigenbau auf dem Bozener Markt – ein altes Handwerk, das heute noch in Mittenwald blüht.

Mit dem Bozener Markt verwandelt sich der malerische Straßenzug in eine mittelalterliche Meile. An den Seiten reiht sich Stand an Stand, an denen Handwerker ihr Gewerbe demonstrieren: Geigen-

Nur wenige Schritte vom Trubel des Bozener Marktes entfernt und schon Ruhe und Beschaulichkeit. Im Ortsteil Gries kann man sich wieder erholen, wie hier auf der Terrasse des gleichnamigen Gasthofs.

bauer, Glaser, Gürtler, Schuhmacher, Drechsler, Teppichknüpfer, Holzschnitzer und andere mehr, alle in originalgetreuen Kostümen des Spätmittelalters. Dazwischen Pilger- und Fuhrmannsschänken sowie Lebensmittelstände. Es herrscht dichtes Gedränge. Auf Holzbühnen treten Gesangsgruppen, Chöre und kleine Theaterensembles auf, am Straßenrand unterhalten Straßensänger, Gaukler und Feuerschlucker.

Das Rahmenprogramm findet an den beiden Wochenenden des Festes bereits ab 14 Uhr statt, von Montag bis Freitag erst ab 17 Uhr. Gefeiert wird freilich an allen Tagen bis in den Abend hinein.

25 Altschlierseer Kirchtag

■ **Anfahrt München:**
Auto A8 bis AS Weyarn, dann St 2073 und B307 bis Schliersee (ca. 55 km)
Bahn Stündlich mit BOB ab München bis Schliersee, Fahrzeit ca. 50 Min.
■ **Einkehr:**
Gasthof Terofal, Biergarten, kein Ruhetag

Datum	Uhrzeit	Ort	InfoTel.
Alljährlich am Sonntag um den 7. August	Ca. 08.30 Uhr bis nachmittags, dann Kirchweihfest	Start in Fischhausen, Festprogramm in Schliersee	0 80 26 / 60 65-0 (GästeInfo Schliersee)
Quellen	www.schliersee.de; www.regioportal.de		

Wenn der Schlierseer Ortspatron St. Sixtus Anfang August sein Namensfest begeht, gleiten blumengeschmückte Boote über den See. Einheimische in historischer Tracht rudern von Fischhausen nach Schliersee, um dort den »Kloana Kirta« zu feiern.

Alter Brauch – neu belebt. Symbolfigur des Schlierseer Kirchtags ist der Hl. Sixtus II., gestorben am 7. August 258. Als Bischof von Rom fiel er einer Christenverfolgung durch Kaiser Valerian zum Opfer. Eben dieser Sixtus ist Kirchenpatron in Schliersee. Wenn sein Patronatsfest, der »Kloana Kirta« gefeiert wurde, ruderten früher Bauern und Fischer von Fischhausen über den See nach Schliersee, um dem Hl. Sixtus die Ehre zu geben und den kleinen Kirchtag zu feiern.

Blumengeschmückte Boote haben Fischhausen verlassen, getragene Blasmusik erklingt und die Landschaft zeigt sich von ihrer schönsten Seite.

Doch irgendwann schlief dieser schöne Brauch ein wurde erst dank der Alt-Schlierseer Trachtengruppe 1985 wieder belebt. Seitdem findet dieses intime Fest alljährlich am Sonntag um den 7. August statt. Am Kirchtagmorgen bietet sich ein stimmungsvolles Bild: auf dem unberührt wirkenden See gleiten mit Blumenkränzen geschmückte Boote aus Lerchenholz, so genannte Plätten, dazu intoniert eine Blaskapelle, die auf eigenem Boot mitfährt, tragende Weisen. Es ist einer jener Momente, wo man authentisches Brauchtum erlebt, weitab von kommerzieller Volkstümelei. Gestartet waren die Boote in Fischhausen, besetzt sind sie mit kleinen Trachtengruppen in kostbarer Tracht. Unter Glockengeläut, Böllerschüssen und den Klängen eines Standkonzertes laufen sie in die Schlierseer Bucht ein, werden vom Bürgermeister begrüßt und ziehen dann gemeinsam mit befreundeten Trachtengruppen aus dem Alpenvorland zur Schlierseer Kirche St. Sixtus. Nach dem Gottesdienst marschieren die Akteure noch einmal in einem Festzug durch das Dorf, um sich dann für den Rest des Tages in den Kirchweihtrubel am Terofalplatz zu stürzen.

In Schliersee wird jede Bootsbesatzung persönlich vom Bürgermeister in Empfang genommen.

Auch beim Schlierseer Kirchtag darf der Nachwuchs nicht fehlen, selbst wenn ihm der Heilige Sixtus noch nicht allzu viel sagt.

26 In Bergmessen dem Himmel näher

■ **Anfahrt/Einkehr:** Keine Anfahrt- oder Einkehrempfehlung, weil zahlreiche Veranstaltungsorte in Frage kommen

Datum	Uhrzeit	Ort	InfoTel.
Zahlreiche Termine der katholischen und evangelischen Kirche übers Jahr	Meist später Vormittag bis Mittag, aber auch andere Zeiten	Berge und Almen in den Bayerischen Alpen	0 89 / 21 37 - 12 63 (Erzbischöfliches Ordinariat München); 0 89 / 55 95 - 213 Evang.-Luth. Landeskirchenamt
Quellen	www.tourismusseelsorge.de (katholisch) www.berggottesdienst.de/Veranstaltungen (ev.luth.)		

Berggottesdienste beider Konfessionen sind bei den Gläubigen in Bayern sehr beliebt geworden. Ein wichtiger Grund dafür ist sicher der in vielen Fällen prächtige Landschaftsrahmen der Feier mit eindrucksvollen Gebirgsbildern und weiten Ausblicken.

Wandlung im spektakulären Hochgebirgsrahmen auf der Westlichen Karwendelspitze: gegenüber dem Schauplatz der Bergmesse der Karwendelhauptkamm, dazwischen in der Tiefe das Karwendeltal.

Gottes Wort unter freiem Himmel. Es lässt sich wohl nicht genau feststellen, seit wann Gottesdienste auf Bergen und Almen abgehalten werden, als sicher gilt, dass sie schon in der ersten Hälfte des letzten Jahrhunderts stattfanden und dann verstärkt in der zweiten Hälfte. Gründe für Feiern im Grünen waren und sind zum einen die Natur, die einen würdigen Rahmen dafür abgibt, zum anderen sollte ein Angebot für Touristen und Bergwanderer geschaffen werden. Man hat nämlich im Laufe der Zeit die Erfahrung gemacht, dass viele Menschen an Gottesdiensten in freier Natur ungehemmter teilnehmen als in der Kirche. Also geht oder fährt man an Werktagen, vereinzelt auch an Sonntagen hinauf zu Gipfeln und Almen und zelebriert die Gottesdienste, die oft musikalisch umrahmt werden von Posauenenchören, Alphornbläsern oder Saitenmusi.

Berggottesdienst ist aber nicht gleich Berggottesdienst: auf katholischer Seite werden sie meist Bergmessen genannt und finden vornehmlich in den Sommermonaten statt. Besonders eindrucksvolle Beispiele sind die Messen auf der Westlichen Karwendelspitze, der Kampenwand und dem Jenner, nicht zuletzt wegen der grandiosen Aussichten.

Auf Seiten des Evangelisch-Lutherischen Landes-

Nicht ganz so dramatisch wie im Karwendel ist der Landschaftsrahmen bei einem evangelisch-lutherischen Berggottesdienst auf dem Wallberg. Aber auch hier zieht das Geschehen in Gottes freier Natur viele Besucher an.

kirchenamtes Bayern ist man nicht minder aktiv und plant zwischen Mai und Oktober mehrere Hundert Berggottesdienste in Oberbayern und dem Allgäu. Auch hier gibt es herausgehobene Schauplätze, wie auf der Zugspitze, dem Wallberg und dem Wendelstein in Oberbayern.

Stimmungsvoll sind manchmal auch Gottesdienste auf abgelegenen Almen, ob katholisch oder evangelisch, denn hier wird die Feier auf grüner Wiese oft von der Ursprünglichkeit der Gegend sowie der Einfachheit der Alm und ihrer Bewohner geprägt.

Von einer Saitenmusi begleitete Bergmesse auf der Westlichen Karwendelspitze. Der Blick reicht über die nahen Felsabstürze des Karwendels bis hinein zu den schneebedeckten Dreitausendern der Stubaier Alpen.

27 Kräuterweihe am »Großen Frauentag«

■ Anfahrt/Einkehr: Für einen Gottesdienstbesuch am 15. August kommen zahlreiche Orte in Oberbayern, aber auch Stadtteile in München (u.a. Thalkirchen, Ramersdorf) in Frage. Daher wird keine spezielle Anfahrt oder Einkehr empfohlen

Datum	Uhrzeit	Ort	InfoTel.
Alljährlich am 15. August (Mariä Himmelfahrt)	Festgottesdienste mit Kräuterweihe am Vormittag	In katholischen Kommunen Bayerns	0 89 / 21 37-12 63 (Pressestelle des Erzbistums München-Freising)
Quellen	www.erzbistum-muenchen.de; www.feiertagsseiten.de; www.religioeses-brauchtum.de		

Der »Große Frauentag«, also Mariä Himmelfahrt am 15. August, ist das Hauptfest unter den Marienfeiertagen. Begangen wird es mit Festgottesdiensten, bei denen Sträuße aus Heilkräutern, so genannte »Kräuterbuschen« geweiht werden, sowie vielerorts mit Prozessionen.

Entwicklung. Das Hochfest der Aufnahme Mariens in den Himmel reicht in der Westkirche bis zum 8. Jahrhundert zurück, während es in Deutschland seit 813 gefeiert wird. Ab dem 13. Jahrhundert rückte es immer mehr ins Zentrum der Marienverehrung und erfuhr mit dem Dogma Papst Pius XII. von 1950, wonach »Maria … mit Leib und Seele zur himmlischen Herrlichkeit aufgenommen worden ist«, nochmals eine Aufwertung. In Bayern, wo schon immer eine besonders enge Beziehung zur Gottesmutter bestand, ist Mariä Himmelfahrt in Nieder- und Oberbayern ein gesetzlicher Feiertag, im übrigen Bayern nur dort, wo die katholische Bevölkerung überwiegt. Eigentlicher Festtag ist zwar der 15. August, doch auch die 30 Tage danach, bekannt als »Frauendreißiger«, sind eine mystische Zeit. Genutzt wird sie zur intensiven Marienverehrung mit Gebeten und Wallfahrten, aber auch zum Sammeln von Kräutern, die in diesen Tagen eine besondere Heilkraft besitzen sollen.

Die Gnadenmutter in Tuntenhausen, seit Jahrhunderten Ziel von Wallfahrern und Schlüsselfigur beim alljährlichen Hochfest Mariä Himmelfahrt, zugleich Patrozinium der Tuntenhausener Basilika.

Weihe der Kräuterbuschen. Mariä Himmelfahrt ist seit jeher von Legenden und Bräuchen umrankt. Bekanntester Brauch, mit ähnlich langer Tradition wie das Hochfest selber, ist die

Weihe von Kräuterbuschen. Sein Ursprung ist ungeklärt. Einer Legende nach sollen die Apostel im Grab Mariens statt des Leichnams Blumen und Kräuter vorgefunden haben. Überlieferungen besagen, dass Kräuterbuschen früher bis zu 77 verschiedene Kräuter enthalten haben, es kursieren aber auch andere Zahlen. Mit dabei Blumen, Ähren und vor allem Kräuter, wie Schafgarbe, Baldrian, Arnika, Pfefferminz oder Kamille. In der Mitte steckt meist eine Königskerze, Lilie oder Rose. Nach der Weihe wird der Kräuterbuschen in der Bauernstube, unter dem Dachboden oder im Stall aufgehängt und soll vor Unheil, wie Unwetter oder Krankheit, schützen.

Besonders feierlich gestalten sich die Festtage an Orten, deren Kirche nach Maria benannt ist, wie in Bad Tölz, Tuntenhausen oder dem Münchner Stadtteil Ramersdorf. Dann nämlich ist das Hochfest Mariä Himmelfahrt gleichzeitig auch das Namensfest der Kirche, das so genannte Patrozinium, oft festlich umrahmt von Chor- oder Orchesterwerken und manchmal gekrönt von abendlichen Lichterprozessionen.

Aufstellung zur stimmungsvollen Lichterprozession in Bernried am Abend des Festes Mariä Himmelfahrt.

Weihesträuße vom schlichten Blumengesteck bis zum prächtigen Kräuterbuschen in Tuntenhausen.

28 »Stumme Prozession« in Vilgertshofen

■ **Anfahrt München:**
Auto A96 bis AS Landsberg Ost und weiter nach Landsberg, am Kreisverkehr links auf Weilheimer Straße bis Vilgertshofen (ca. 75 km)
Bahn Kein Bahnanschluss in Vilgertshofen
■ **Einkehr:**
Vilgertshofen/Pflugdorf: Kastanienhof, schöner Garten, Di Ruhetag
Gaststätte Bürgerhaus, Garten, Mo Ruhetag

Datum	Uhrzeit	Ort	InfoTel.
Alljährlich am Sonntag nach Mariä Himmelfahrt	Beginn 11 Uhr, Dauer ca. 1 Stunde	Vilgertshofen, ca. 10 km südlich von Landsberg am Lech	0 81 94 / 3 33 (Gemeindeverwaltung Vilgertshofen)
Quellen	www.vilgertshofen.de; www.bayerische-staatszeitung.de; www.br-online.de		

Die Rede ist von uraltem Brauchtum und ehemals weit verbreiteter Tradition, heute nur noch gepflegt im Lechrain. Gestalten in alten Gewändern schreiten bei einem Leidenszug schweigend dahin und stellen Bilder aus dem Alten und Neuen Testament nach. Gewöhnungsbedürftig ist freilich der Schauplatz: ein Jahrmarkt!

Altes Ritual. Leidenszüge, wie sie früher hießen, wollten die Passion Christi bildhaft in einer Prozession darstellen, gewissermaßen eine »Passionspredigt in Bildern« halten und nicht in Worten. Nachdem bereits im Mittelalter Leidensdramen inszeniert worden waren und im 17./18. Jahrhundert auch in Altbayern und Österreich zahlreiche Passionsumzüge stattfanden, gibt es in Oberbayern heute nur noch ein Kirchenfest dieser Art: die Stumme Prozession in Vilgertshofen. Sie ist Kernstück des Titularfestes, das die »Marianische Bruderschaft

Stumme Prozession 2007: Im Bild vorne die Hohenpriester Kajaphas und Annas, dahinter die Schriftgelehrten und die Ältesten, zusammen der Hohe Rat, der das Todesurteil fällte.

Stumme Prozession 2007 mit der Szene »Jesus trägt das Kreuz«.

zur Schmerzhaften Muttergottes von Vilgertshofen« alljährlich am Sonntag nach Mariä Himmelfahrt begeht. 1708 zog die erste Prozession durch Vilgertshofen, übrigens mit Genehmigung des Papstes. Seither, also seit immerhin rund 300 Jahren, sorgt die Bruderschaft allen Verboten zum Trotz dafür, dass dieser alte Brauch gepflegt und fortgeführt wird.

Leidenszug und Jahrmarkt. Auf den ersten Blick mutet es schon seltsam an, wenn rund 100 Gestalten in alten Gewändern und mit Leidensmienen schweigend an bunten Buden eines Jahrmarktes vorbeischreiten, begleitet nur von Trauermusik. Der Zug verkörpert Szenen und Figuren aus dem Alten und Neuen Testament, etwa Jesus unter der Last des Kreuzes, Moses mit der Gesetzestafel oder Judas, der einen Beutel mit 30 Silberlingen trägt. Darsteller sind Einwohner Vilgertshofens. Für den Veranstalter gehören Jahrmarkt und Prozession zusammen, weil sie nur gemeinsam den nötigen Anreiz auf Besucher ausüben würden. Und so lässt man als Zuschauer während des Umzugs die Buden am besten »links liegen« und wendet sich nur noch den eindringlichen Bildern der Prozession zu.

Natürlich gehört zur Prozession auch ein Standbild der Muttergottes.

29 Beim Rosstag in Rottach-Egern

■ **Anfahrt München:**
Auto A8 bis AS Holzkirchen, dann B318 über Gmund bis Rottach-Egern (ca. 56 km)
Bahn Kein Bahnanschluss in Rottach-Egern. Kostenloser Pendelbus zwischen Rottach und Festplatz
■ **Einkehr:** Rottach-Egern: An der Strandpromenade diverse Einkehrmöglichkeiten

Datum	Uhrzeit	Ort	InfoTel.
Alljährlich am letzten Sonntag im August	Blaskonzert im Kurpark ab 10 Uhr; Festzug von Rottach nach Enterrottach ab 12 Uhr	Rottach-Egern Uferpromenade; Enterrottach Festplatz	0 80 22 / 67 13 49 (TouristInfo Rottach-Egern)
Quellen	www.rottach-egern.de; www.tegernsee.com; www.sueddeutsche.de		

»D'Fuhrleut kemman z'samm«! Das ist das Motto des Rosstags, bei dem rund 200 herausgeputzte Rösser mit Reitern und Wägen aller Art beteiligt sind. Die farbenprächtige Kolonne zieht vom Südufer in Rottach hinaus zum Festplatz in Enterrottach, wo nach Vorstellung und Schaufahren der Teilnehmer zünftig gefeiert wird.

Rache ist süß. Er hat's den Kreuthern gezeigt, der Pferdeliebhaber aus Rottach-Egern. Vor 40 Jahren wollte er mit seinem Haflinger-Einspänner an der Kreuther Leonhardifahrt teilnehmen – und war denen nicht fein genug. Kurz entschlossen arrangierte der Mann 1968 einen eigenen Pferdeumzug, den »Rosserertag« in Rottach-Egern. Heute gehört dieses bunte Pferdefest zu den Höhepunkten im Tegernseer Tal, an dem im Übrigen auch Kreuther gerne teilnehmen.

Aus Kreuth zu Besuch beim Rosstag 2007: Seltene Tigerschecken, die schon in der Barockzeit beim Adel sehr beliebt waren, hier zusammen mit einem Rappen als Vierspänner.

Festablauf. Wenn in der Kuranlage die letzten Ständchen der Blaskapellen verklungen sind, hat sich an der Überfahrtstraße ein buntes Reitervölkchen aufgestellt, um nach Enterrottach zu ziehen. Farbenfroh kommt der Festzug daher, eingerahmt von dichten Zuschauerreihen und angeführt von einem Spielmannszug. Dahinter folgen Einzelreiter, Wägen aller Art, von repräsentativen Karossen und

Kutschen mit Ehrengästen über Landauer bis hin zu Stell- oder Daxwägen. Ihre Gespanne reichen vom Zwei- bis zum Zehnspänner. Dazwischen prächtig ausstaffierte Blaskapellen, zum Teil weit angereist aus Südtirol und die Tragtierkompanie aus Bad Reichenhall. Die ca. fünf Kilometer lange Route verläuft über Ellmau, wo Mensch und Tier an der kleinen Rosskapelle den

Blickfang beim Rosstag 2007 in reizvoller Landschaft nahe Ellmau: Ein Haflinger-Zehnspänner vor historischer Prachtkutsche.

Ein Jagdwagen mit Oberländer-Zweispänner erhält in Ellmau den kirchlichen Segen der Geistlichkeit. Links die kleine St.-Eligius-Rosskapelle.

kirchlichen Segen empfangen zum Festplatz in Enterrottach. Dort werden Ross und Reiter beim Schaulaufen noch einmal vorgestellt, später erfolgt ein Auftritt von Reitergruppen des berühmten »Oswald von Wolkensteinritt« aus Kastelruth. Doch schon längst, spätestens aber danach genießen Akteure und Zuschauer die Brotzeit und eine frische Maß Bier.

Wie's im Herbst und Advent Tradition ist

Herbststimmung
über dem Tegernsee

30 Erntedankfest in Rosenheim

■ **Anfahrt München:**
Auto A8 bis AS Rosenheim, dann B15 bis Rosenheim (ca. 70 km). Alternativ StStr. 2078 über Bad Aibling (ca. 60 km)
Bahn Regelmäßige Verbindung München-Rosenheim, Fahrzeit ca. 45 Min.
■ **Einkehr:** Gasthaus-Café Wendl, Biergarten, kein Ruhetag
Gasthaus Stockinger, Biergarten, So/Fei Ruhetag

Datum	Uhrzeit	Ort	InfoTel.
Alljährlich am 2. Sonntag nach Beginn des Herbstfestes (Ende August)	Kirchenzug 09.15, Messe 10, Festzug 11 Uhr	Max-Josefs-Platz und Innenstadt Rosenheim	0 80 31 / 365 90 61 (TouristInfo Rosenheim)
Quellen	www.rosenheim.de; www.heimat-bayern.de; www.kath.de; www.feiertagsseiten.de; www.festjahr.de		

Duft und Farbenpracht der beim Erntedankfest dargebrachten Feldfrüchte sind ein Erlebnis für die Sinne und Ausdruck des Dankes. Besonders stimmungsvoll gestaltet sich das alte Bauernfest in Rosenheim, wo auch eine Erntedankprozession abgehalten wird.

Lange Tradition. Schon in vorchristlicher Zeit, später auch bei den Römern war es üblich, in feierlichen Ritualen Dank zu sagen für die Gaben der Natur. Ab dem 3. Jahrhundert wird Erntedank auch von der christlichen Kirche gepflegt, aber nicht als offizielles Fest anerkannt. Die Kirche führt diese schöne Gepflogenheit über die Jahrhunderte hinweg bis in unsere Zeit, wo im Herbst mit Gottesdiensten und Umzügen der Erntedank abgestattet wird. Verbunden mit dem Fest sind alte Bräuche: mitgebrachte Früchte und Ähren werden geweiht, Erntekronen geflochten, Erntcköniginnen gewählt, Strohpuppen verbrannt oder Jahrmärkte abgehalten.

Erntedankfest in Rosenheim: Auf dem Josefsplatz zelebrieren die Geistlichen der beiden Kirchen einen Dankgottesdienst.

Gemeinhin gilt der **1. Sonntag im Oktober** als Erntedanktag, so jedenfalls hat es die deutsche Bischofskonferenz 1972 beschlossen. Für die evangelische Kirche ist es der Sonntag nach Michaelis (29. September). Beide Zeitpunkte gelten freilich als mehr oder weniger unverbindlich.

Rosenheimer Erntedankfest. Ab dem letzten Samstag im

August steigt in Rosenheim alljährlich das 16-tägige Herbstfest, das zu den größten Volksfesten Altbayerns zählt. Einer seiner Höhepunkte ist die Erntedankfeier am zweiten Sonntag nach Beginn. Mit Volksfestrummel hat sie freilich nichts zu tun, eher mit gediegenem Brauchtum, was sie in besonderem Maße sehenswert macht. Zunächst marschieren im farbenprächtigen Kirchenzug die Abordnungen durch die Innenstadt. Mit dabei ein halbes Dutzend Musikkapellen, die ernste Prozessionsmusik intonieren, bäuerliche und handwerkliche Vertretungen, Trachtengruppen sowie Schützen und Böllerschützen, alle in ihrer traditionellen Tracht, aber auch das mächtige Kreuz der Erler Passionsspiele aus Tirol und kunstvoll geflochtene Erntekronen. Auf dem Max-Josefs-Platz folgt ein festlicher Gottesdienst, bei dem von den Geistlichen der beiden Kirchen Worte des Dankes, aber auch der Mahnung zu hören sind. Danach zieht ein kleinerer Festzug vom Max-Josefs-Platz zum Herbstfest auf die nahe Festwiese. Man hört es an der Blasmusik: eine frische Maß Bier vor Augen, spielen die Kapellen jetzt schmissige Marschmusik und spornen zu raschem Schritt an.

Bild oben links: Aufwändiger Blumen- und Früchtebaum der Rosenheimer Kleingärtner.

Bild oben rechts: Das über 5 m hohe Kreuz aus dem Tiroler Passionsspielort Erl.

Eine Erntekrone aus Ähren, präsentiert von der Landjugend Prutting.

31 Bayerisch-Tiroler Grenzwallfahrt

■ **Anfahrt München:**
Auto A8 bis AS Frasdorf, dann über Aschau nach Sachrang (ca. 105 km)
Bahn Keine Bahnverbindung nach Sachrang
■ **Einkehr:** Sachrang: Gasthof Sachranger Hof, Biergarten, Mo Ruhetag
Gasthof zur Post, Biergarten, kein Ruhetag

Datum	Uhrzeit	Ort	InfoTel.
Alljährlich am 3. Sonntag im September	Beginn ca. 9 Uhr, Dauer bis ca. 12 Uhr	Ölbergkapelle nahe Sachrang im Priental	0 80 57 / 378 (TouristInfo Sachrang)
Quellen	Faltblatt des Freundeskreises Müllner-Peter; Info-Tafel an der Ölbergkapelle; www.derchiemgauer.de; www.trachtenverband-bayern.de; www.br-online.de		

Wenn sich im reizvollen Priental die ersten Vorboten des Herbstes zeigen, findet alljährlich die Bayerisch-Tiroler Grenzwallfahrt zur Ölbergkapelle nahe Sachrang statt. Wallfahrer von diesseits und jenseits der Grenze ziehen hinauf zur Waldlichtung an der Kapelle und feiern gemeinsam einen farbenfrohen Festgottesdienst.

Geschichte der Wallfahrt. Zwischen dem schmucken Dorf Sachrang und der nahen österreichischen Grenze liegt am Westhang des Prientals auf halber Höhe die Ölbergkapelle. Das malerische Wallfahrtskirchlein entstand im 17. Jahrhundert, zunächst als Holzbau, später in Stein gemauert und bis 1734 durch Turm und Anbauten ergänzt. Umfangreiche Renovierungen fanden 1827 und 1976 statt.

Der Erzabt von St. Ottilien war Zelebrant der Messe 2007 an der Ölbergkapelle. Hier werden ihm vom Hauptmann der Aschauer Gebirgsschützenkompanie Abordnungen aus Tirol vorgestellt.

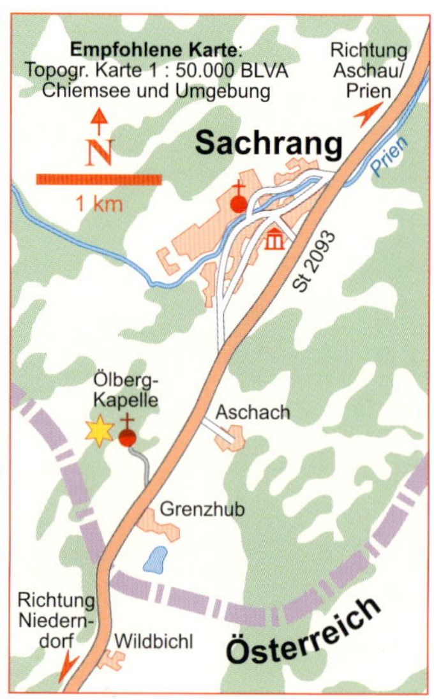

Diese volkstümliche Barockkapelle ist Schauplatz der alljährlichen Grenzwallfahrt von Abordnungen aus dem Priental und aus Tirol. Der Festgottesdienst vor der Kapelle wird jeweils von hohen kirchlichen Würdenträgern zelebriert. Darunter waren auch schon Kardinäle, wie 1974 Kardinal Döpfner, 1977 Kardinal Ratzinger, der jetzige Papst Benedikt XVI., und 1991 Kardinal Wetter. Bis 1984 hatte die Veranstaltung auch einen Schirmherrn, bekanntester unter ihnen war der bayerische Ministerpräsident Franz Josef Strauß.

Müllner-Peter-Museum

Das Museum in Sachrang zeigt Zeugnisse aus dem Leben und Schaffen des Kunst- und Menschenfreundes. Öffnungszeiten unter Tel. 0 80 57 / 3 78

Die Waldlichtung mit der Ölbergkapelle, sonst ein recht einsamer Ort, wird bei der Bayerisch-Tiroler Grenzwallfahrt zum glanzvollen und farbenprächtigen Schauplatz.

Die Wallfahrt erlebte in ihrer über 300-jährigen Geschichte Blütezeiten und Niedergänge. Mit Errichtung der Holzkapelle und wenig später des Steinbaus entwickelte sich schon in den letzten Jahrzehnten des 17. Jahrhunderts eine lebhafte Wallfahrt, die jedoch im 18. Jahrhundert wieder einschlief, einhergehend mit dem Verfall des Kirchleins.

Das nächste Kapitel der Wallfahrtsgeschichte schrieb der Müllner Peter aus Sachrang. 1766 als Sohn eines Mühlenbesitzers geboren, erweist er sich als Multitalent, der sich besonders in der Musik (»Sachranger Notenschatz«) und in der Heilkunde einen Namen machte.

Er war es auch, der mit hohem persönlichen Einsatz die Renovierung der Ölbergkapelle vorantrieb und damit die Grenzwallfahrt 1827 wieder in Gang brachte. Doch auch diesmal hielt der Zustrom der Pilger nur rund 20 Jahre, dann, nach dem Tod des Förderers 1843, geriet die Wallfahrt allmählich wiederum in Vergessenheit.

Wie im Freilichttheater staffeln sich die Zuschauerreihen der Ölbergkapelle gegenüber am Hang, unten sind der Peter-Müllner-Chor, die zugehörige Kapelle und die Abordnungen aus Bayern und Tirol postiert.

Erst 1972, also mehr als ein Jahrhundert später, kam neuer Schwung in die Sache. Der »Freundeskreis Müllner-Peter von Sachrang« war gegründet worden, initiierte eine erneute Renovierung der Ölbergkapelle und konnte so die Wallfahrt wiederbeleben. Seit nunmehr 35 Jahren kümmert er sich um die Erhaltung und Pflege dieses schönen Brauchs, der als religiöser Höhepunkt im Priental gilt.

Ablauf der Veranstaltung. Am dritten Sonntag im September erlebt das sonst so beschauliche Priental einen Ansturm von Wallfahrern und Tausender Zuschauer. Die Grenzwallfahrt ist wieder im Gange. Erster Akt ist der Kirchenzug. Die Tiroler Abordnung startet jenseits der Grenze in Wildbichl, gleichzeitig setzt sich der bayerische Zug von Sachrang aus in Bewegung. Den Zügen gehören über ein Dutzend Fahnenabordnungen, Schützenkommandos und Veteranen an,

Bild rechte Seite unten: Die Niederndorfer Schützenkompanie zieht nach Abschluss des Gottesdienstes mit Marschmusik und Glockengeläut in das Dorf Sachrang ein.

aber auch Männer und Frauen in schönen alten Trachten aus Trachtenvereinen und Traditionsverbänden. Unterhalb der Wallfahrtskapelle vereinigen sich die beiden Züge und steigen hinauf zur Waldlichtung am Kirchlein, wo sie in exakter Formation Aufstellung nehmen.

Wenn alles vorüber ist, lohnt auch ein Besuch der volkstümlichen Ölbergkapelle, hier der Altar der Hauptkapelle von 1674 mit Ölberggruppe von 1850 darüber.

Den Festgottesdienst 2007 zelebriert der Erzabt der Erzabtei St. Ottilien nahe Landsberg. Bei aller Würde und Frömmigkeit der Messe ist sie ein prächtiges und farbenfrohes Schauspiel, wie in einem Freilichttheater, in dem der schmale, im Sonnenlicht liegende Bau der Ölbergkapelle den zentralen Angelpunkt bildet. Der Gottesdienst wird von Künstlergruppen festlich umrahmt: der Müllner-Peter-Chor mit der Aschauer Blaskapelle gehört dazu, das Sparchener Doppelquartett, das ausdrucksvoll melodiöse Volksweisen vorträgt, aber auch die Aschauer Alphornbläser, die das Geschehen mit ihren dunklen warmen Klängen untermalen.

Gegen Ende des Gottesdienstes schießen Tiroler Böllerschützen noch einen Ehrensalut, dann ziehen die bayerische und die Tiroler Abordnung gemeinsam in das Dorf Sachrang ein, wo sie von Glockengeläut empfangen werden und sich dann auflösen.

32 Auf dem Oktoberfest in München

■ Anfahrt München:
Auto nicht empfehlenswert
Bahn S1 bis S8 zur Hackerbrücke, Reststrecke zu Fuß
U4/U5 bis Theresienwiese, U3/U6 bis Goetheplatz, Reststrecke durch Mozartstraße zu Fuß
Straßenbahnen 18 und 19 bis Hermann-Lingg- und Holzapfelstraße, Reststrecke zu Fuß

Datum	Uhrzeit	Ort	InfoTel.
Alljährlich 16 Tage vom Sa. nach 15.9. bis 1. So. im Okt.; (Sonderregelung 3. Okt./Feiertag)	Bierausschank Mo.-Fr. 10-22.30, Sa/So/Fei. 9-22.30 Uhr; Wiesnschluss tgl. 23.30 Uhr	Theresienwiese München	0 89 / 233 96 500 (Tourismus-Amt München)
Quellen	www.oktoberfest.de; www.muenchen-tourist.de; Magazin "Festprogramm 2007" des Eschig Verlags		

Von 1810 bis heute hat sich das Münchner Oktoberfest zum größten Volksfest der Welt entwickelt. Seine aktuellen Zahlen: über sechs Millionen Besucher, mehr als 30 große und kleine Zelte, um die 60 000 Hektoliter Bierkonsum, rund 200 Schausteller. Tendenz steigend! Gediegenes Brauchtum spiegeln vor allem der Einzug der Wiesnwirte und der Trachten- und Schützenzug wider.

Vorbemerkung. Um es gleich hier zu sagen: es ist nicht beabsichtigt, den zahllosen Beschreibungen des Oktoberfestes eine weitere hinzuzufügen. Vielmehr sollen – im Sinne dieses Buches – die brauchtumsbezogenen Belange der Wiesn herausgehoben und gezeigt werden, dass das Fest nicht nur aus Bierseligkeit und Kommerz besteht. Den Anfang machen ein paar geschichtliche Hinweise.

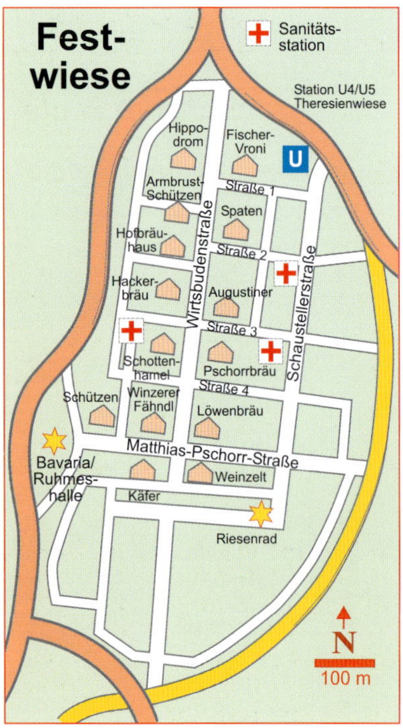

Historische Eckdaten. Geburtsstunde des Festes war der 17. Oktober 1810, als ein Pferderennen aus Anlass der Vermählung Ludwigs von Bayern mit der Prinzessin Therese von Hildburghausen veranstaltet wurde. Die Wiese als Schauplatz des Rennens erhielt im Übrigen den Namen der Braut. Man beschloss, das Pferderennen auch in den Folgejahren zu veranstalten, wobei 1819 die Zuständigkeit auf die Stadt München überging. 1835 wurde zu Ehren der Silberhochzeit von König Ludwig I. und Therese von Bayern der Trachtenfestzug erstmals durchgeführt und ab 1950 regelmäßig veranstaltet. Die beiden dominierenden Bauten der Wiesn, die »Bavaria« und die Ruhmeshalle waren um 1850 errichtet worden und 1880 eroberte das elektrische Licht die

Betörender Panoramablick aus dem Riesenrad auf die Wiesn: links die Wirtsbudenstraße mit den großen Festhallen, rechts die Schaustellerstraße mit den Fahrgeschäften und Verkaufsständen. Die Kirche in der Mitte hinten ist die St. Paulskirche.

Wiesn. Der Einzug der Wirte auf die Wiesn erfolgte erstmals 1887. Ende des 19. Jahrhunderts waren aus einfachen Bretterbuden Bierhallen entstanden. Den berühmten Ausruf »O'zapft is'« gibt es seit 1950, als Oberbürgermeister Thomas Wimmer mehr durch Zufall als mit Absicht das erste Fass angestochen hat. Das dunkelste Kapitel der Wiesn wurde 1980 geschrieben, als eine Bombe am Haupteingang 13 Menschen in den Tod riss und über 200 zum Teil schwer verletzte. Ein Mahnmal am Ort des Geschehens erinnert an dieses schreckliche Ereignis. Insgesamt 24 Mal ist das Oktoberfest in seiner Geschichte ausgefallen, schuld daran waren zwei Cholera-Epidemien sowie eine Reihe von Kriegen. Nach dem 2. Weltkrieg wurde das

Die Gespanne der Brauereien, wie hier von Löwenbräu, sind beim Einzug der Wiesnwirte prachtvoll geschmückt, die Rösser im Festgeschirr, der Wagen mit Kränzen und üppiger Blumendekoration.

Trachtenzug 2007 München. Bild oben: Im farbenfrohen Block der Sportschützen werden die Schützenmeister der Bezirke unter Blumenreifen durch die Straßen geleitet.

Pferderennen nicht mehr veranstaltet, wenn man von einer Jubiläumsveranstaltung 1960 absieht. Im Jahre 2010 feiert das Oktoberfest ein stolzes Jubiläum – es wird 200 Jahre alt.

Glanzpunkte des Oktoberfestes. Es gibt nicht wenige Wiesnbesucher, die das Oktoberfest mit seinen großen Festhallen und den atemberaubenden Fahrgeschäften als eine einzige Galanummer von Anfang bis Ende sehen. Das sei ihnen von Herzen zugestanden. Wer indes die Sache im Lichte bayerischen Brauchtums betrachtet, muss wählerischer sein. Das manchmal an das mallorquinische Strandlokal Ballermann erinnernde Geschehen in den Bierzelten hat jedenfalls mit Brauchtum nicht mehr viel zu tun. Dafür verkörpern es andere Veranstaltungen des Oktoberfestes umso mehr. Der Einzug der Wirte gehört dazu, auch der Bieranstich des Oberbürgermeisters, vor allem aber der Trachten- und Schützenzug am ersten Sonntag nach der Wiesn-Eröffnung.

Bild rechte Seite: Einer von vielen Höhepunkten im Trachtenzug 2007: eine Folkloristik-Gruppe aus Citta di Borgosesia in Italien mit Trommlern und Fahnenschwingern.

Auftakt zum Oktoberfest ist traditionell am ersten Samstag der **Einzug der Wiesnwirte.** Die festliche Kolonne zieht ab 10.45 Uhr von der Josephspitalstraße über Sonnen-, Schwanthaler- und Hermann-Lingg-Straße zum Bavariaring und auf die Festwiese. Unter den rund 1000 Mitwirkenden stechen die eleganten Kutschen der Wirtsfamilien sowie die blumengeschmückten Prachtgespanne der sechs

Münchner Brauereien hervor. Einer der Festwägen ist den Kellnerinnen gewidmet, ein anderer den Schaustellern. Angeführt wird das Ganze vom Münchner Kindl hoch zu Ross, dem die Festkutsche des Oberbürgermeisters folgt. Natürlich ziehen auch Kapellen mit, die den Festzug mit Trommelwirbel und zünftiger Blasmusik untermalen. Angekommen auf der Festwiese, erfolgt Punkt 12 Uhr der traditionelle **Bieranstich** durch den Oberbürgermeister im Schottenhamelzelt. Gespannt verfolgt man, wie viel Schläge er diesmal braucht und mit dem bekannten Ausruf »O'zapft is!« gilt das Oktoberfest als eröffnet. Der bayerische Ministerpräsident erhält wie gewohnt die erste Maß und in den Zelten beginnt das Bier in Strömen zu fließen.

Am nächsten Tag, dem ersten Sonntag der Wiesn, steigt ab 10 Uhr der **Trachten- und Schützenumzug.** Es ist ein wahrhaft gigantischer Zug, weltweit wohl der größte dieser Art und sicher einer der schönsten. Sieben Kilometer ist er lang und über zwei Stunden zieht er an Hunderttausenden von Zuschauern vorbei. Sein Weg verläuft von der Maximilianstraße zum Odeonsplatz und weiter über Briennerstraße und Promenadenplatz zur Sonnenstraße, von dort auf Schwanthaler- und Paul-Heyse-Straße zum Kaiser-Ludwig-Platz und zur Festwiese.

Bilder Seite 117:
Oben das Hacker-Pschorr-Festzelt, genannt »Himmel der Bayern«. Es fasst 6900 Besucher und wird von einem weißblauen Himmel überspannt. Die Kulissen an den Seiten mit Wahrzeichen Münchens stammen von einem Kunstmaler.

Unten das Hippodrom, ein relativ kleines (3200 Sitzplätze) aber beliebtes Zelt mit mehr internationalem Flair, das früher eine Wirtsbude mit Reitmanege war. Markenzeichen sind die Qualität der Speisen, ein professioneller Service und viele prominente Besucher.

Um die achteinhalb Tausend Teilnehmer waren es 2007. Sie bildeten eine einzigartige Mixtur aus farbenprächtigen Trachtengruppen und militärisch ausgerichteten Schützenformationen und Spielmannszügen, auch diese in farbenfrohen Uniformen. Dazwischen Repräsentanten aus Handwerk und Brauchtum sowie immer wieder Musikkapellen. Fast 4000 Musiker waren es, die den Zug begleitet haben.

Auf der Wiesn begegnen sich Nostalgie und HighTech auf engem Raum: der Pemperlprater von 1830 mit handgeschnitzten Pferdchen, das angeblich älteste Karussell der Welt.

Nach den so genannten Werbevorläufern, also Münchner Firmen, die sich in festlicher Aufmachung zur Schau stellten, setzte sich der eigentliche Trachten- und Schützenzug in Bewegung. Wieder ritt das Münchner Kindl voraus, gefolgt von den Münchner Moriskentänzern. In bunter Reihenfolge kamen dahinter Spielmannszüge, Kapellen, Prachtgespanne der Brauereien sowie Trachtengruppen und Schützenabordnungen, die keineswegs nur aus bayerischen Regierungsbezirken gekommen waren. Auch andere Bundesländer hatten Delegationen entsandt, so Niedersachsen, Nordrheinwestfalen, Hessen, Baden-Württemberg und Sachsen. Sogar das Ausland war präsent, vor allem mit Spielmannszügen, Trachtengruppen und Schützenkorps aus Österreich, Italien, Kroatien, Schweiz, Rumänien und gar aus den USA.

Der Flying Circus, eines von vielen hochmodernen »Menschenschleudern«, die vor allem bei jungen Leuten besonders gut ankommen.

Beeindruckend war während des ganzen Zuges die Vielfalt an Formen und Farben. Deshalb ernteten die Trachtler und Schützen auch immer wieder anhaltenden Beifall, den im Übrigen auch der bayerische Ministerpräsident sowie der Münchner Oberbürgermeister in ihren Festkutschen entgegennehmen durften. Alles in allem war es ein ungemein beeindruckendes Schauspiel. Es hat bewiesen, dass das Oktoberfest auch mit ernsthaftem und zugleich fröhlichem Brauchtum aufwarten kann.

Hacker-Pschorr
Himmel der Bayern

33 Almabtrieb über den Königssee

■ **Anfahrt München:**
Auto A8 bis AS Traunstein, dann B306/305 über Inzell bis Berchtesgaden (ca. 150 km)
Bahn Mehrmals täglich München-Freilassing (U)-Berchtesgaden, Fahrzeit ca. 3 Std.
■ **Einkehr:** Schönau: Hotel Königssee, Terrasse, kein Ruhetag
Gasthof Alter Bahnhof, Garten, kein Ruhetag

Datum	Uhrzeit	Ort	InfoTel.
Alljährlich Ende September/ Anfang Oktober	Abtrieb am frühen Morgen, ca. 10 Uhr Ankunft im Ortsteil Königssee	Fischunkelalm am Obersee, Seelände im Ortsteil Königssee	0 86 52 / 17 60 (TouristInfo Schönau am Königssee)
Quellen	www.koenigssee.de; www.regioportal.de; www.schliersee.de (Geschichte und Zukunft der Almwirtschaft)		

Wenn der Sommer in den Herbst übergeht, wird in den Bergen das Vieh von den Almwiesen ins Tal und in die heimischen Ställe gebracht. Da die Tiere meist farbenprächtig geschmückt sind, zieht dieses Ereignis immer mehr Zuschauer an. Kultstatus genießt dabei der Almabtrieb von der Fischunkelalm über den Königssee.

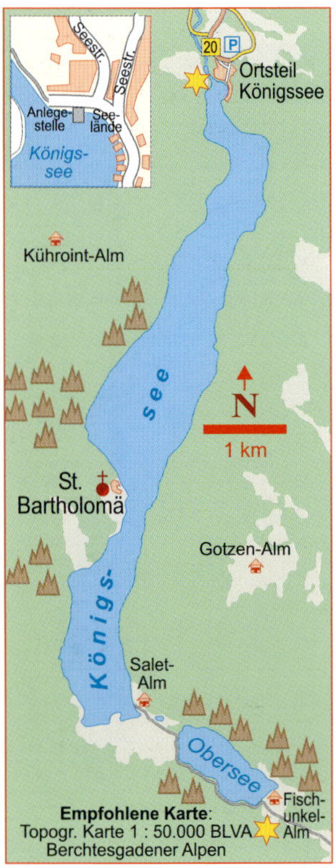

Almwirtschaft einst und heute. Almen sind keine Erfindung unserer Zeit. Rund 50 Kilometer Luftlinie von Berchtesgaden entfernt konnten Archäologen im Dachsteingebirge Almen aus der Bronze- und Römerzeit nachweisen und damit belegen, dass Almwirtschaft schon vor Tausenden von Jahren betrieben wurde. Heutzutage findet man in den Alpenländern noch zahlreiche Almen, von denen sich manche freilich nicht mehr im gewünschten Maße lohnen: neue Anbaumethoden und zunehmende Mechanisierung fordern ihren Tribut.
Almen wurden hauptsächlich deshalb eingerichtet, um die begrenzten Nutzflächen im Tal durch zusätzliches Weideland für Rinder, Pferde, Schafe und Ziegen zu erweitern. Vorteile einer Viehhaltung auf Almen gibt es mehrere: große Weideflächen für wenig Vieh, bessere Qualität des Grases als im Tal, was den Tieren zugutekommt und schließlich Milchwirtschaft, die vor allem in Bayern und Österreich auf Almen betrieben wird. Betreut wird das Vieh von Sennern und Sennerinnen, die im Sommer in der Almhütte leben.

Idylle und Wirklichkeit. In den südlichen Landkreisen Oberbayerns gibt es rund 700 staatlich anerkannte Almen (»Der Alm- und Bergbauer« Folge 12/00), die zum Teil in imponierender Berglandschaft liegen. Oft wird das Almpersonal um dieses Leben in freier Natur beneidet, doch sieht die Wirklichkeit anders aus.

Schon vor dem Auftrieb, ungefähr Anfang Juni, wartet viel Arbeit auf Senner und Sennerin: Die Almhütte muss auf den Sommer umgestellt, Zäune müssen geflickt und die Weideflächen gereinigt werden. Dann beginnt der Almsommer, der – je nach Wetter und Höhenlage – ungefähr 100 bis 120 Tage dauert. Jeder Tag, ob Sonn- oder Werktag, beginnt in der Früh so um sechs Uhr und ist bis zum Abend mit harter Arbeit ausgefüllt: Kühe melken, Stall ausmisten, Kälber waschen, Milch verarbeiten, Wanderer betreuen. Viel Zeit bleibt da nicht, um die schöne Gegend zu genießen oder sich ein bisschen um sich selbst zu kümmern. So ist das Leben des Almpersonals von harter körperlicher Arbeit und bei manchen abgelegenen Almen auch von großer Einsamkeit geprägt. Im September, meist gegen Ende, heißt es dann die Almhütten winterfest zu machen und das Vieh ins Tal und in die heimischen Ställe zu bringen. Der letzte anstrengende Tag eines arbeitsreichen Almsommers.

Bild oben: Ein Fleckchen Paradies am Obersee – Felswände spiegeln sich im Wasser, auf dem freien Talboden hinten liegt die Fischunkelalm (Bild unten) und im Hintergrund ragen die Teufelshörner empor.

Bild oben: Das Boot ist gelandet, die Tiere werden an Land gebracht und geschmückt. Voller Freude und Stolz verfolgen die Almbauernfamilien das Geschehen.

Abtrieb von der Fischunkelalm. Die zum Graflehen in Berchtesgaden gehörende Fischunkelalm hebt sich in mehrfacher Hinsicht von anderen Almen ab. So kann sie auf ein stolzes Alter von über 500 Jahren zurückblicken, stammt also nach Adam Riese aus dem Spätmittelalter. Des Weiteren liegt sie inmitten eines lieblichen Talkessels am Südufer des Obersees auf einer Höhe von nur 620 Metern, also niedriger als der heimatliche Hof am Salzberg, was den Almsommer um mehrere Wochen verlängern kann. Herauszuheben ist auch die prachtvolle Hochgebirgslandschaft, von der die Alm umgeben ist. Es dominieren die Teufelshörner, der dunkle Obersee mit flankierenden Felswänden sowie das Watzmannmassiv im Norden. Etwas Besonderes ist auch der Viehabtrieb, der mit Flachkähnen über den Königssee führt, was ihn (zusammen mit dem Abtrieb von der Saletalm) in Oberbayern einzigartig und berühmt gemacht hat. Zu er-

reichen ist die Fischunkelalm nur per Schiff. Von der Anlegestelle Salet am Südufer des Königssees muss man noch knapp zwei Kilometer am Obersee entlanggehen, um zur Alm zu kommen, die den Sommer über von zwei Sennerinnen bewirtschaftet wird.

Wenn der Almsommer dann vorbei ist und der Viehabtrieb näherrückt, wird der Kopfschmuck der Tiere angefertigt und die Hütte winterfest gemacht. Wanderer verirren sich in dieser Zeit kaum noch zur Alm. Am Tag der Heimreise werden die Tiere auf dem Uferweg des Obersees zur Anlegestelle Salet getrieben, dort auf zwei miteinander verbundene Flachkähne verladen und über den Königssee zur Seelände am Nordufer verfrachtet, wo sie das Boot wieder verlassen. Nun beginnt unter den Augen der Almbauernfamilien und zahlreicher Zuschauer die Zeremonie des Schmückens, die anderswo bereits an der Alm stattfindet, aber nur dann, wenn die Almbauernfamilie kein Unglück bei Mensch oder Tier zu beklagen hatte. Der Brauch ist eigentlich heidnischen Ursprungs und war zur Täuschung böser Geister gedacht, gilt aber heute als Ausdruck von Freude und Dank über einen geglückten Almsommer. Den Rindern werden Glocken umgehängt und mit Bändern und Blumen (u.a. Almrausch, Silberdistel, Wacholder, Röschen) farbenprächtig verzierte Kränze oder Kronen aufgesetzt. In Berchtesgaden heißt dieses Schmücken »aufkranzen«, der kunstvolle Schmuck selber »Fuikl«. Das sind kleine Zierbäume, an denen man die Zweige bauchig hochgebunden und mit Hunderten kleiner Rosetten aus eingefärbten Fichtenspänen verkleidet hat. So hoch geputzt, treten die Tiere zum Endspurt an, legen dabei jeden Verkehr lahm und trotten zielstrebig hinter der Sennerin dem heimischen Stall zu.

Den Untersberg im Blick und den heimischen Stall im Sinn trotten die Tiere hinter der Sennerin dem Hof zu, wo sie den Winter über verbleiben.

Andere Viehabtriebe traditioneller Art kann man unter anderem in Ramsau, Ruhpolding, Brannenburg, Bayrischzell, Kreuth, Lenggries und Garmisch Partenkirchen miterleben. Zeiten und Orte erfahren Sie unter Info Tel. 089 / 82 92 180.

Bild linke Seite unten: Schöne Zierbäume (Fuikln) auf den Köpfen der Rinder, daneben – ganz cool – die Jungbauern.

34 Raistinger »Kirchta« nach altem Brauch

■ **Anfahrt München:** Auto A95/952 bis Starnberg, dann B2 bis Pähl und weiter nach Raisting (gut 50 km)
Bahn Mehrmals täglich München-Geltendorf (U)-Raisting (Fahrzeit 60-80 Min.)
■ **Einkehr:** Raisting: Gasthof Zur Post: Biergarten, Di Ruhetag
Gasthof Drexl: Biergarten, Mo Ruhetag

Datum	Uhrzeit	Ort	InfoTel.
Alljährlich am 3. Sonntag im Oktober	Beginn 10.30 Uhr, ganztägiger Betrieb	Raisting am Ammersee, Beckadisi-Stadl	0 88 07 / 214 39-0 (Gemeinde Raisting)
Quellen	www.raisting.de; www.ammersee-region.de; www.bayernservice.de; www.erzbistum-muenchen.de; www.heimat-bayern.de		

Eigentlich ein Kirchenfest mit langer Tradition, steht Kirchweih heute fast nur noch für opulentes »Ganserlessen«. Der Raistinger Heimat- und Trachtenverein wollte das nicht so hinnehmen und erweckt seit Jahren alte Kirchweihbräuche zu neuem Leben.

Kirchweih im Wandel der Zeit. Wenn auf den Kirchtürmen in Altbayern die rotweiße Fahne weht, ist dritter Oktobersonntag und somit Kirchweih oder »Kirta«. Bis über die Mitte des 19. Jahrhunderts hinaus feierten Städte und Dörfer ihr Kirchweihfest am Tag ihrer Kirchenweihe oder am Namenstag des Kirchenpatrons. In Franken ist das heute noch üblich. Das Fest dauerte mehrere Tage, wie auch ein Spruch sagt: »A gscheiter Kirta dauert bis zum Irta (Dienstag)«, »wann sie's duat schicka, a bis zum Migga (Mittwoch)«.
Da der Obrigkeit dieses allgegenwärtige Feiern zu viel wurde, legte sie den dritten Sonntag im Oktober als Termin für Kirchweih fest, jetzt abschätzig »Allerweltskirchweih« genannt. Und doch feiert man sie gerne, denn die Ernte ist eingefahren und die schwere Feldarbeit getan.

Treffpunkt der Dorfschönen und der Burschen, vor allem aber der Kinder: Die traditionelle Hutsch'n beim Raistinger Kirchta im »Beckadisi-Stadl«.

Raistinger Kirchta. Eines der Dörfer in Oberbayern, die es nicht beim Gänsebraten belassen, ist Raisting am Ammer-

see. Mehr bekannt durch seine Erdfunkstelle, zelebriert es seit Jahren auch eine Kirchweih nach altem Brauch. Vormittags findet im »Beckadisi-Stadl« ein **Frühschoppen** mit bayerischen Schmankerln und Kirtanudeln (»Auszogne«) statt, dazu spielt zünftige Blasmusik auf. Mittelpunkt im Stadl ist die traditionelle **Kirta-Hutsch'n**, ein dickes Brett, das mit Ketten an der Stadldecke befestigt ist und eine längliche Schaukel bildet. Sie wird von Burschen angeschoben und ist vor allem bei Kindern und Mädels heiß begehrt.

Raistinger Kirchta 2007: Der Nachwuchs des Raistinger Heimat- und Trachtenvereins führt einen schön anzuschauenden Kirchweihtanz vor.

Neben einem kleinen Bauernmarkt gehört zum Raistinger Kirchta auch der Brauch des **Betteltanzes** am Kirchweihmontag. Zwei Burschen und zwei Mädchen aus Raisting »betteln« lange vor Kirchweih bei jungen Leuten in Raisting und im Oberland, dass sie beim Kirchweihtanz mitmachen. Stehen die Teilnehmer fest, werden im Geheimen Tanzpaare zusammengestellt. Gelüftet wird das Geheimnis erst am Kirchweihmontag: die Mädchen kommen vom Gasthaus Drexl zu den Burschen ins Gasthaus zur Post, wo die Tanzpaare »verbandelt« werden und den ganzen Tag (oder für länger?!) zusammenbleiben. Nachmittags tanzen nur die Jungen, am Abend steigt dann der **Kirchweihtanz** für alle.

Traditionelles Gericht am dritten Sonntag im Oktober: Ein rösch gebratenes Kirchweihganserl in Soße mit Kartoffelknödel, dazu Blaukraut oder Selleriesalat.

35 Große Tölzer Leonhardifahrt

■ **Anfahrt München:** Auto B11 oder B13 bis Bad Tölz (ca. 50 km), Parken in Außenbezirken, da Stadtmitte gesperrt
Bahn Mehrmals täglich München-Bad Tölz, Fahrzeit ca. 50 Min.
■ **Einkehr:** Bad Tölz, Marktstraße: Hotelgasthof Kolberbräu, Terrasse, kein Ruhetag; Hotelgasthof Grünerbräu, Terrasse, kein Ruhetag

Datum	Uhrzeit	Ort	InfoTel.
Alljährlich am 6. November	Beginn des Festzuges ca. 9 Uhr, Dauer bis in den Nachmittag	Marktstraße und Kalvarienberg in Bad Tölz	0 80 41 / 78 67-0 (TouristInfo Bad Tölz)
Quellen	www.bad-toelz.de; www.toelzer-leonhardi.de; Leonhardi-Zeitung 2006; www.heiligenlexikon.de; www.erzbistum-muenchen.de		

Unter den zahlreichen Umzügen zu Ehren des Hl. Leonhard gilt die Leonhardifahrt in Bad Tölz als das farbenprächtigste und bedeutendste Kirchenfest dieser Art in Bayern. Der Umzug offenbart nicht nur tiefe Volksfrömmigkeit und Heiligenverehrung, sondern auch Heimatliebe, Traditionsverbundenheit und Bürgerstolz.

Lebensgeschichte. Um das Leben Leonhards ranken sich viele Legenden. Sein Geburtsjahr ist unbekannt, als Sterbetag gilt der 6. November 559. Angeblich entstammt er einer fränkischen Adelsfamilie, die ihn vom Reimser Erzbischof taufen und erziehen ließ. Doch Leonhard zog es nicht in Amt und Würden, er wollte als Einsiedler predigen und Notleidenden helfen. So konnte er bei König Chlodwig I. die Freilassung vieler Gefangener erwirken, weshalb er später stets mit Ketten dargestellt wurde und als Patron der Gefangenen galt. Als er eines Tages das Leben der Königin und ihres Kindes retten konnte, schenkte ihm Chlodwig I. ein Stück Land in Frankreich, auf dem er das Kloster Noblat gründete. Dort setzte er sein Wirken für Arme und Kranke fort und vollbrachte zahlreiche Wunder. In Noblat starb er auch

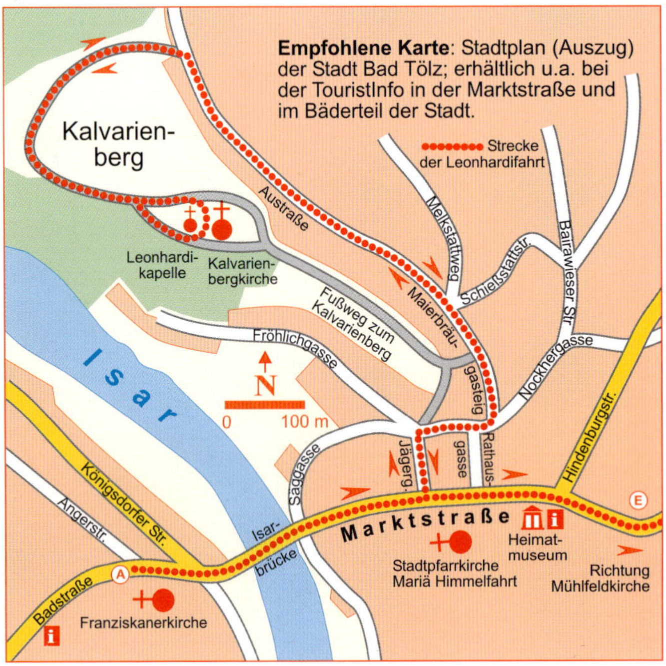

und wurde dort begraben. Seine Verehrung wirkte fort, über seinem Grab wurde eine Kirche mit mächtigem Glockenturm gebaut, die heute noch steht.

Der glanzvolle Zug der Festwägen bewegt sich die Tölzer Marktstraße hinauf.

Leonhard-Verehrung in Bayern. Mit der öffentlichen Ausstellung der Leonhard-Reliquien in Noblat erhielt der Leonhardkult einen gewaltigen Anstoß, breitete sich rasch aus und erreichte im 11. Jahrhundert auch Bayern. Schon damals fanden zu Ehren des Hl. Leonhard zahlreiche Wallfahrten statt. Jahrhunderte später erfolgte ein Sinneswandel: die Ketten im Abbild des Hl. Leonhard deutete man nun als Viehketten, worauf er Schutzheiliger des Viehs, vor allem der Pferde wurde. Im 19. Jahrhundert wird Leonhard in Bayern gar zum »Bauernherrgott« erhoben. Heutzutage sollen es über 50 Leonhardifahrten sein, die um den 6. November in Altbayern stattfinden. Am berühmtesten und größten ist die in Bad Tölz, die älteste aber findet in Kreuth statt.

Ein schöner, mit Girlanden geschmückter Truhenwagen, besetzt mit Frauen in festlicher Tracht.

Tölzer Triumphfahrt. Der erste Ritt in Tölz zu Ehren des Hl. Leonhard fand 1718 statt. Diese Umritte waren jedoch eher Einzelaktionen, die im Laufe der Zeit sogar zu Um-trieben ausarteten, was den Tölzer Ortspfarrer 1856 bewog, ein Regelwerk für den Umzug aufzustellen. Es gilt im Wesentlichen noch heute.

Ein auffallendes Schimmelgespann mit geschmücktem und bemaltem Truhenwagen hat den Tölzer Kalvarienberg erklommen.

Aufstellung. Am 6. November, dem Tölzer »Nationalfeiertag«, versammeln sich im Bäderteil der Stadt rund 400 Rösser in blank geputztem Geschirr, über 80 Wägen und um die 1000 Mitfahrer. Sie stammen keineswegs nur aus Bad Tölz. Schon im September fahren so genannte »Leonhardilader« hinaus zu den Bauern und laden sie persönlich zur Teilnahme an der Leonhardifahrt ein. So sind bei den Abordnungen vor allem die Orte nahe Bad Tölz vertreten, wie Gaißach, Wackersberg, Lenggries und Dietramszell, aber auch entfernte Standorte, wie Mittenwald, Garmisch oder München.

Nach Segnung an der kleinen Leonhardskapelle versammeln sich die Festwägen auf einer Wiese, wo sich Besatzungen und Eignerfamilien gegenseitig besuchen.

Zug zum Kalvarienberg. Punkt neun Uhr setzt sich der Zug in Bewegung, überquert die Isar und zieht die historische Marktstraße hinauf. Tausende von Zuschauern an der Strecke verfolgen gebannt, wie unter anhaltendem Geläut der Tölzer Kirchenglocken die bemalten und reich verzierten Tafel- und Truhenwagen mit ihren feschen Abordnungen vorbeidefilieren. Die ersten Gefährte bleiben der Geistlichkeit und dem Stadtrat vorbehalten. Danach folgt ein Wagen nach dem anderen, meist besetzt mit verheirateten Frauen in Seidentracht (Schalk), »Jungfrauen im Mieder« oder Mädchen in Alttölzer Tracht. Trotz Überzahl bleibt den Frauen ein Privileg versagt: nach alter Tradition dürfen sie zwar mitfahren, nicht aber hoch zu Ross reiten!

Knapp 20 Wagen sind für das Mannsvolk reserviert, das sind Schützen- und Trachtenabordnungen sowie Musikkapellen. Etwa auf halber Höhe in der Marktstraße biegt der Zug links in die enge Jägergasse ab, wo die Fuhrleute mit den langen Vierergespannen ihr ganzes Können aufbieten müssen, um nicht anzuecken. Dann erklimmen sie auf dem steilen Maierbräugasteig den Kalvarienberg.

Der mit Rappen bespannte Kastenwagen tritt nach anstrengender Wallfahrt die Heimreise an – mit einem letzten Blick zum Kalvarienberg.

Segnung und Rückmarsch. Als Erstes steuern die Wägen die Leonhardskapelle an, umfahren sie und erhalten dabei den kirchlichen Segen. Wenn sich anschließend alle Wägen auf der großen Wiese versammelt haben, gibt es kein Durchkommen mehr. Eng an eng stehen sie beieinander, die Wagenbesatzungen besuchen sich gegenseitig und trinken zusammen ein Schnapserl – kein neumodischer Trend, sondern alter Brauch! Nach Ende des Festgottesdienstes beginnt gegen Mittag die Rückfahrt in die Stadt. Wenn die Gespanne die Marktstraße wieder erreicht haben, biegen sie nun links ab, galoppieren die obere Hälfte der Marktstraße hinauf bis zur Mühlfeldkirche, wo sie einen letzten kirchlichen Segen empfangen. Dann machen sich die Leonhardsfahrer mit ihren Gespannen auf den Weg in ihre heimatlichen Höfe oder aber zum weltlichen Ausklang des Tages in einen der Tölzer Gasthöfe.

»Leonhardsdreschen«. Schlusspunkt eines ereignisreichen Tages ist der Auftritt der Goaßlschnalzer am Nachmittag in der Marktstraße. Es geht darum, die langen Peitschen möglichst rhythmisch zu schwingen und dabei knallartige Töne zu erzeugen. Nach altem Volksglauben sollten damit böse Geister vertrieben, manche sagen auch, Wachstumsgeister geweckt werden.

Abschluss der Tölzer Leonhardifahrt ist das »Leonhardsdreschen«, also der Auftritt der Goaßlschnalzer in der Tölzer Marktstraße, zum Gaudium der zahlreichen Zuschauer.

Konkurrenz für Bad Tölz. So eindrucksvoll die Tölzer Leonhardifahrt auch sein mag, anderenorts versteht man ebenfalls etwas von Traditionspflege und weiß Leonhardifahrten wirkungsvoll in Szene zu setzen. Fast jede hat ihren eigenen unverwechselbaren Charakter. Hier eine kleine Auswahl:

Kreuth. Die Tölzer Fahrt gilt zwar als größte in Bayern, die älteste aber ist die in Kreuth, denn sie wird bereits 1442 bezeugt. Eine lange Tradition, die durch Beschränkungen, Kriege und Verbote freilich nicht immer ungebrochen verlief. Seit 1946 findet der Umzug wieder regelmäßig am 6. November statt. Rund 400 Leonhardifahrer, darunter Trachtler, Schützen, Musikanten sowie Frauen und Mädchen in kostbarer Tracht, ziehen zur Leonhardskirche hinauf, wo bereits an die 30 reich verzierte Truhenwagen mit prächtigen Pferdegespannen warten. Nach gemeinsamem Festgottesdienst setzt sich der Zug in Bewegung und umfährt in großem Bogen dreimal die Leonhardskirche, jeweils mit kirchlichem Segen. Rahmenveranstaltungen sind der Leonhardimarkt und der Leonharditanz (Info Tel. 0 80 29/18 19; www.kreuth.de).

Benediktbeuern. Glanzpunkt dieser feierlichen und frommen Wallfahrt ist ihr Ziel: nicht irgendeine Leonhardikapelle, sondern das älteste Urkloster im Alpenvorland (Gründung 739). Es besitzt heute noch eine der schönsten Barockkirchen Oberbayerns und gibt der Leonhardifahrt einen einzigartigen Rahmen. Ca. 50 reich geschmückte Wagen, besetzt mit Frauen und Männern in festlicher Tracht, und an die 250 Rösser sind es, die am Sonntag um den 6. November in den schönen Arkadenhof des Klosters einziehen, dort gesegnet werden und nach einer Messe in der Basilika über den Ortsteil Pechlern ins Dorf zurückkehren. Am Abend steigt dann der Leonharditanz. (Info Tel. 0 88 57/248; www.benediktbeuern.de)

Im Klosterhof in Benediktbeuern erhalten Wagenbesatzungen und Pferde den kirchlichen Segen, anschließend findet ein Festgottesdienst statt.

Schliersee. Die dortige Leonhardifahrt reicht bis ins 17. Jahrhundert zurück. Alljährlich am Sonntag nach Allerheiligen versammeln sich im Ort Schliersee über 50 Gespanne mit Leonhardifahrern, alle festlich herausgeputzt, und ziehen dann gut drei Kilometer am Ostufer des Schliersees entlang nach Fischhausen am Südufer des Sees. Markenzeichen dieses Zuges ist die besonders reizvolle Landschaft um den Schliersee. In Fischhausen empfangen sie beim dreimaligen Umfahren der Leonhardikirche den kirchlichen Segen. (Info Tel. 0 80 26/60 65 0; www.schliersee.de).

Murnau. Der Murnauer Umzug alljährlich am 6. November ist mit 350 Rössern und über 70 bemalten und geschmückten Wagen nach Tölz der größte im Oberland, aber auch einer der traditionsreichsten. Abordnungen der Vereine in und um Murnau sowie fesch gekleidete Frauen und Mädchen stellen sich am Seidlpark in Murnau auf und fahren dann zur Rokokokirche St. Leonhard im Ortsteil Froschhausen. Dort werden sie gesegnet und nehmen an einer Messe am Froschhauser See teil. Umrahmt wird auch hier der Umzug von einem Leonhardimarkt und einem abendlichen Leonharditanz. (Info Tel. 0 88 41/61 41-0; www.murnau.de).

Es gäbe noch viele sehenswerte und traditionsreiche Leonhardifahrten zu schildern, etwa die besonders urwüchsige in Unterammergau, die in Utting am Ammersee mit ihren außerordentlich schön bemalten Wägen, oder im Münchner Umland die in Grafing, die bereits 1708 erstmals erwähnt wurde und heute immerhin fast 40 Festwägen aufbietet. Zentrales Info Tel. 089/82 92 18-0 (der Tourismusverband München-Oberbayern); www.oberbayern-tourismus.de

Bilder linke Seite:
Oben Vorreiter der Leonhardifahrt in Kreuth, die als älteste in ganz Bayern gilt.
Unten: Ein Kastenwagen der Leonhardifahrt Benediktbeuern setzt sich in der Dorfmitte Richtung Kloster in Marsch.

36 Beim Traunsteiner Lindl-Singen

■ Anfahrt München: Auto A8 bis AS Traunstein, dann B306 bis Traunstein (ca. 110 km) Bahn In kurzen Abständen München-Rosenheim-Traunstein, Fahrzeit ca. 1:30 Std.
■ Einkehr: Traunstein: Gasthof Schnitzelbaumer: kein Ruhetag

Datum	Uhrzeit	Ort	InfoTel.
Alljährlich in der ersten Novemberhälfte	Beginn 20 Uhr, Dauer gut 2 Std.	Traunstein, Staatl. Berufsschule, Wasserburger Str. 51	08 61 / 98 69 523 (TouristInfo Traunstein)
Quellen	www.traunstein.de; Ladschreiben 2006 und Programm der Stadt Traunstein; Ausführungen zum Lindlsingen (Städt. Verkehrsamt Traunstein)		

Die Pflege alpenländischer Volksmusik ist den Traunsteinern ein besonderes Anliegen. Seit 1967 rufen sie alljährlich zu einem Wettbewerb für Gesangs- und Instrumentalgruppen auf, bei dem der Nachwuchs wie auch etablierte Künstler eine Chance erhalten. Für Volksmusikliebhaber ist der Lindl-Hoagart ein genussvoller Abend.

Stadtplatz Traunstein: Die steinerne Ritterfigur des Lindl auf dem Brunnen vor der Stadtpfarrkirche St. Oswald ragt in den blauen Himmel.

Lindl gestern und heute. Es war 1526, als auf dem heutigen Stadtplatz in Traunstein ein marmorner Brunnen mit Säule errichtet wurde, auf der die lebensgroße Ritterfigur Lindl steht. Sie hält in der linken Hand eine Fahne mit Stadtwappen und ist nicht nur Wahrzeichen der Stadt Traunstein, sondern auch Patron des Lindlsingens. Wer Lindl war, ist allerdings bis heute unbekannt. Deutungen leiten den Namen vom Hl. Leonhard (»Liendl«) oder aus dem Germanischen (»Liendl, der Starke aus Volk und Heer«) ab.

Wie Ritter Lindl zum Lindlsingen kam, weiß man indes genau. 1965 errang eine Traunsteiner Gruppe einen ersten Preis beim Wettbewerb »Bischofshofener Amsel«, der im Rahmen eines Volksmusikabends in Traunstein überreicht wurde. Diese Veranstaltung fand so großes Interesse, dass sich die Stadt entschloss, einen eigenen Wanderpreis für bodenständige und überlieferte Volksmusik auszuschreiben. Er ging 1967 erstmals über die Bühne und hielt eine 40 cm hohe Lindlfigur als Preis für die Sieger bereit. Inzwischen gilt der Lindl als einer der wichtigsten Auszeichnungen für ernsthafte Volksmusik in Bayern.

Erst die Arbeit, dann das Vergnügen. Für die Sänger und Musikanten aus ganz Altbayern beginnt der Tag in Traunstein schon in aller Früh. Stundenlang vorsingen müssen sie und vorspielen vor einer so

Alle teilnehmenden Gruppen versammelten sich beim Hoagart auf der Bühne, um abwechselnd ihr Können bei Gesang und Spiel zu zeigen.

genannten Beratergruppe, die besetzt ist mit fachkundigen Leuten der Volksmusik. Sie berät und bewertet die Künstler und das vorgetragene Lied- und Musikgut und bestimmt die besten, sprich vorbildlichsten und Beispiel gebendsten Gruppen des Wettbewerbs. Wer gewonnen hat, wird jedoch noch geheim gehalten.

Am Abend beginnt dann der so genannte »Lindl-Hoagart«. In der mit Holz ausgekleideten Aula der Staatlichen Berufsschule platzieren sich alle teilnehmenden Gruppen auf der Bühne, während mehrere Hundert Zuschauer gespannt auf den ersten Beitrag warten. Nachdem ein sachkundiger Sprecher eingeleitet hat, beginnen die Sänger und Musikanten mit dem Vorspiel. Melodiöse Weisen, mehrstimmig und mundartlich vorgetragen, wechseln sich ab mit Kristalltönen von Harfe und Gitarre und dem dunklen Surren des Kontrabasses. Dazwischen virtuoses Spiel auf der »Ziach« und dann wieder ein schönes altes Volkslied. Es sind die leisen Töne, die in Traunstein vorherrschen und den Abend zum Erlebnis machen.

Dann, gegen Ende des Hoagarts, die Verkündung und Auszeichnung der drei oder vier Siegergruppen, denen der Traunsteiner Oberbürgermeister persönlich den Lindl überreicht. Zum Dank singen oder spielen die Gewinner noch eine Zugabe. Am Schluss spielt die Musi noch zum Volkstanz für alle auf, was nach dem langen Sitzen freudig begrüßt wird.

Die Gruppe Sagschneider Mallan, drei fesche Schwestern aus Lenggries, konnten beim Wettbewerb 2006 einen Lindl für sich verbuchen.

37 Buttnmandllaufen in Berchtesgaden

■ **Anfahrt München:**
Auto A8 bis AS Traunstein, dann auf B306/305 über Inzell bis Berchtesgaden (ca. 150 km)
Bahn Mehrmals täglich München-Freilassing (U)-Bischofswiesen/Berchtesgaden, Fahrzeit um Std.
■ **Einkehr:** Berchtesgaden: Goldener Bär, Terrasse, kein Ruhetag
Café Forstner, Terrasse, kein Ruhetag

Datum	Uhrzeit	Ort	InfoTel.
Alljährlich u.a. 1. und 2. Adventssonntag, auch 5./6. und 24. Dezember	Start meist bei Anbruch der Dunkelheit, in Strub 14 Uhr	Berchtesgaden, Bischofswiesen, Maria Gern und anderswo	0 86 52 / 944 53 00 (TouristInfo Berchtesgaden)
Quellen	www.berchtesgadener-land.com; www.religioeses-brauchtum.de; www.steh-auf.de (Auferstehungskirche Bayreuth)		

Wenn in der Adventszeit rund um Berchtesgaden das Scheppern schwerer Kuhglocken ertönt, haben die Buttnmandl und Krampei wieder ihren Auftritt. Es sind Schreckgestalten, die den Hl. Nikolaus bei seinen Besuchen in Haus und Hof begleiten.

Entstehung des Einkehrbrauchs. Im Zentrum des alten Brauchs stehen indes nicht Buttnmandl, sondern der Hl. Nikolaus. Seine Figur geht auf Bischof Nikolaus von Myra in Kleinasien zurück, der im vierten Jahrhundert gelebt haben soll. Ob er eines natürlichen Todes oder als Märtyrer starb, ist unklar. Jedenfalls ranken sich um seine Person zahlreiche Legenden, in denen er als Retter in höchster Not auftritt. Schon ab dem Frühmittelalter wird er in der Westkirche und bald in ganz Europa als Heiliger verehrt. Da er auch Patron der Kinder war, wird er für sie zum Geschenkebringer, was zunächst heimlich geschah (Stiefel vor dem Haus!). Erst ab dem 16. Jahrhundert entsteht der Einkehrbrauch, der Hl. Nikolaus kommt nun ins Haus. Begleitet wird er von einem »schwarzen Mann«, mancherorts war es Knecht Ruprecht, zu dem sich bald weitere furcht erregende Gestalten aus heidnischer Zeit gesellen, wie eben die Buttnmandl und Krampei in Berchtesgaden. Angeblich sollen sie bei Hausbesuchen böse Geister vom Anwesen verscheuchen.

Loipl-Bischofswiesen: Der Hl. Nikolaus im Bischofsornat, begleitet von vermummten Krampei in Fellkostümen und mit Birkenrute.

Eine »Bass« unterwegs. Im inneren Berchtesgadener Land gehen im Advent über 40 »Bassen«, so werden die Gruppen genannt, auf Hausbesuch. Sie unterscheiden sich von Ort zu Ort. Mit von der Partie sind in der Regel der Hl. Nikolaus, ein Engerl oder das Nikolausweibi (Bub in Mädchentracht) sowie Buttnmandl und Krampei bzw. Ganggerl. Letztere halten die Buttnmandl, die andauernd in Bewegung sind und so die Glocken zum Scheppern bringen, durch Rutenschläge in Schach, doch bekommen auch Zuschauer am Straßenrand und vor allem junge Mädchen die Rute zu spüren. Die Befehlshoheit verbleibt jedoch stets beim Hl. Nikolaus.

Nikolausumzug in Berchtesgaden: Eine Gruppe von Buttnmandln, in Stroh gehüllt mit schaurigen Masken und schweren Kuhglocken, davor zwei Krampei als »Aufpasser«.

Dann stürmt die Gruppe lärmend in die Stube, ohne Zuschauer übrigens. Der Hl. Nikolaus gebietet Ruhe, hört sich Lieder und Gedichte der Kinder an und verteilt Geschenke. Anschließend treten wieder die Buttnmandl und Krampei in Aktion. Früher war es üblich, alle Familienmitglieder und sogar Möbelstücke ins Freie zu befördern (»Stubn ausramma«). Das passiert heute nur noch selten. Wenn das ganze Schauspiel vorüber ist, geht es weiter zum nächsten Hof.

Kein Zuschauerspektakel. Wer sich das Treiben der Buttnmandl ansehen möchte, ist am 5. Dezember zum Nikolausumzug (Start 14 Uhr in Strub) in Berchtesgaden gern gesehener Gast, obgleich dieser Auftritt u. a. mit Nikolauswagen, Engeln zu Pferde und Blasmusik eher touristisch ausgerichtet ist. Ursprünglich geblieben sind dagegen die Buttnmandllaufen in Bischofswiesen, Ortsteile Loipl und Winkl (1. und 2. Adventssonntag), am 5./6. Dezember in Berchtesgaden und umliegenden Gemeinden (u. a. Ramsau, Markt Schellenberg, Schönau) sowie am 24. Dezember in Maria Gern (alle nach Eintritt der Dunkelheit). Doch diese Auftritte sind mehr von intimer Natur und sollen möglichst den Brauchtumsträgern und betroffenen Familien vorbehalten bleiben. Einem Ansturm von Zuschauern steht man aus Sorge um Auswüchse jedenfalls skeptisch gegenüber.

38 Luzienhäuschen auf der Amper

■ **Anfahrt München:** Auto B2 bis Fürstenfeldbruck (ca. 30 km) Bahn Regelmäßige Verbindung mit S 8 (Fahrzeit ca. 30 Min.)
■ **Einkehr:** Romantik Hotel Zur Post, Innenhof, Sa Ruhetag

Datum	Uhrzeit	Ort	InfoTel.
Alljährlich am 13. Dezember	Beginn 18.30 Uhr, Dauer ca. 1 - 2 Std.	Fürstenfeldbruck, Amperbrücke im Zentrum	0 81 41 / 28-0 (Stadt Fürstenfeldbruck)
Quellen	www.fuerstenfeldbruck.de; www.kirchensite.de; www.erzbistum-muenchen.de; Pressetext der Stadt Fürstenfeldbruck		

Es dreht sich alles um die Heilige Luzia. In Fürstenfeldbruck findet ihr zu Ehren das Luzienhäuschenschwimmen statt: von Kindern gebastelte Papphäuschen mit einer Kerze im Innern werden in die Amper gesetzt und gleiten im dunklen Wasser »als Zeichen der Hoffnung« dahin.

Die Heilige Luzia. Viel Nachweisbares lässt sich über die junge Frau aus Sizilien nicht berichten, dafür umso mehr Legenden. Um 300 n. Chr. soll sie gelebt haben und nur 18 Jahre alt geworden sein. Innigster Wunsch war es angeblich, jungfräulich zu bleiben und den Armen zu helfen. Ihre schwer kranke Mutter stimmte zu, nachdem sie bei einer Wallfahrt wundersam geheilt worden war. Der Bräutigam Luzias aber fühlte sich hintergangen und verriet sie an den Statthalter des Kaisers. Sie wurde gefoltert und starb schließlich den Märtyrertod.
Als Gedenktag der heiligen Luzia wurde der 13. Dezember festgelegt. Luzia steht für »leuchtend«, sie war für die Nachwelt gewissermaßen eine Lichtgestalt. Besonders verehrt wird sie heute in Schweden, wo es in manchen Regionen monatelang dunkel bleibt, und in Italien, wo am Tag der »Santa Lucia« traditionell eine Mahlzeit für die Armen gekocht wird. Zahlreiche Menschen und Berufszweige haben Luzia zur Patronin gewählt, so die Blinden, die Bauern und die kranken Kinder.

Da stehen sie in bunter Reihenfolge, die von Schülern gebastelten Luzienhäuschen, und warten darauf, ihre Reise auf der Amper anzutreten.

Stimmungsvolle Szenerie am 13. Dezember an der Amperbrücke in Fürstenfeldbruck: zu Füßen der angestrahlten Leonhardikirche treiben auf der Amper die illuminierten Luzienhäuschen unter der Brücke hindurch in die Nacht.

Luzienhäuschenschwimmen. Für die Schüler zweier Grundschulen in Fürstenfeldbruck beginnt alljährlich im November eine spannende Zeit, die Zeit der Luzienhäuschen nämlich. Mit viel Liebe und Fleiß werden kleine Papphäuschen gebastelt und darin Teelichter aufgestellt. In den 14 Tagen vor dem Luzientag können diese kleinen Kunstwerke in der Sparkasse von jedermann bewundert werden.

Dann, am 13. Dezember abends um 18.30 Uhr der Höhepunkt: vor der Leonhardikirche beginnt eine Luzienfeier, die Häuschen werden unter den Klängen eines Posaunenchors gesegnet und danach am Amperufer von Wasserwachtmännern aufs Wasser gesetzt. Wenig später verschwinden sie im Dunkel der Nacht.

Welchen tieferen Sinn dieser uralte und in Süddeutschland einmalige Brauch neben der Luzia-Verehrung hat, ist bis heute unklar. Wahrscheinlich ist, dass er auf ein schlimmes Hochwasser in Bruck zurückgeht und vor weiterem Ungemach verschonen sollte. Modernere Deutungen sehen in den beleuchteten Häuschen sinnbildlich »Zeichen der Hoffnung«. Unbegründet erwiesen sich dagegen Mutmaßungen, es handle sich um ein heidnisches Wasseropfer.

39 Adventssingen in Altötting

Datum	Uhrzeit	Ort	InfoTel.
Alljährlich 6 Veranstaltungen im Dezember	Beginn jeweils 19 Uhr, Dauer ca.1:30 Std.	Altötting Basilika St. Anna	0 86 71 / 50 62 38 (Wallfahrts- und Verkehrsbüro Altötting)
Quellen	www.altoetting.de; www.liedertafel-altoetting.de; Programm für das Altöttinger Adventssingen im Dezember 2006		

■ Anfahrt München:
Auto A94 und B12 über Mühldorf nach Altötting (ca. 95 km)
Bahn ca. stündlich München-Mühldorf (U)-Altötting. Fahrzeit 1 ½ bis 2 Std. Letzte Rückfahrt München ca. 21.30 Uhr (Stand 2006)

■ Einkehr:
Hotel-Gasthof zur Post, Terrasse, kein Ruhetag
Altstadthotel Schex, Biergarten, kein Ruhetag

Besinnliche Stubnmusi, volltönende Chorpartien und warme Alphornklänge – seit 40 Jahren stimmen namhafte Künstlergruppen aus Salzburg und dem bayerischen Alpenvorland ihre Zuhörer auf das Christfest ein. Ein Glanzpunkt im Brauchtumskalender Oberbayerns!

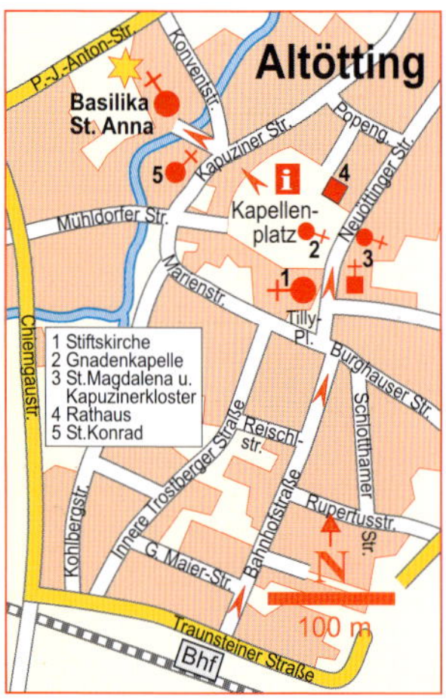

Ein wunderschöner festlicher Rahmen für das Altöttinger Adventssingen: Der Altarraum der Basilika St. Anna mit den Künstlergruppen.

Würdiger Rahmen. Schauplatz des alpenländischen Adventssingens ist nicht nur der berühmteste deutsche Marienwallfahrtsort, sondern dort auch die angesehene katholische Kirche St. Anna. Sie wurde 1910 bis 1912 erbaut und bereits 1913 zur Päpstlichen Basilika erhoben. In der neubarocken Wandpfeilerkirche, die überwiegend von Münchner Künstlern ausgestattet wurde, verdienen vor allem der mächtige Hochaltar mit vier Goldsäulen, einem Altarblatt mit der jugendlichen Maria sowie zwei päpstlichen Seitenfiguren Beachtung, aber auch die zwölf Seitenaltäre. Für das Adventssingen wird die Kirche alljährlich mit zahlreichen Christbäumen und Adventsgestecken weihnachtlich geschmückt. Sehr empfehlenswert ist es, etwas früher da zu sein und sich vor dem Adventssingen bei einem Gang über den Weihnachtsmarkt auf dem Kapellplatz einzustimmen, was sicherlich besonders dann gut gelingt, wenn das Areal um die romanische Gnadenkapelle verschneit ist.

Das Harfen-Duo Holzner-Schroll beim Adventssingen 2006 in voller Aktion.

Leise Klänge aus dem Alpenland. Die gesamte Kirche ist in Halbdunkel gehüllt, wenn sich vor mehreren Hundert Zuhörern um 19 Uhr die zehn Ensembles im Chorraum versammeln. Zwei Chöre zählen dazu, mehrere kleine Gesangsgruppen und eine Reihe von Instrumentalmusikanten, wie Alphornbläser, Holzbläser, Saitenmusi und eine Okarina-Musi mit jener aus Holz oder Ton gefertigten Gefäßflöte.

Dann fällt der Lichtstrahl auf eine Bläsergruppe, die mit einer weihnachtlichen Weise den Abend eröffnet. Ein Sprecher liest aus der Weihnachtsgeschichte vor und leitet mit tiefsinnigen Worten zu den nächsten Vorträgen über. Die Gruppen zeigen bei mehrmaligem Auftreten ihr ganzes Können, Gesang und Spiel wechseln sich ab, es sind ausgesprochen professionelle Darbietungen, aber stets in leisen Tönen und mit besinnlichen Weisen. Dass es den Zuhörern gut gefallen hat, beweist der anhaltende Applaus, den die Künstler am Ende entgegennehmen können.

Seit Jahren singt sich die Altöttinger Mädchenkantorei beim Adventssingen in die Herzen der Besucher.

40 Bergweihnacht über Bischofswiesen

Datum	Uhrzeit	Ort	InfoTel.
Alljährlich in der letzten Dezemberwoche (ca. 28./29.12.)	Beginn ca. 16 Uhr, Dauer rund 1 Std.	Bischofswiesen, Aussichtskanzel Kastelsteinerwand	0 86 52 /97 72 20 (TouristInfo Bischofswiesen)
Quellen	www.bischofswiesen.de; Programmfolge Bergweihnacht 2006		

■ **Anfahrt München:**
Auto A8 bis AS Bad Reichenhall, dann B20 über Bad Reichenhall nach Bischofswiesen (ca. 150 km)
Bahn Mehrmals täglich München-Freilassing (U)-Bischofswiesen. Fahrzeit ca. 3 Std.
■ **Einkehr:** Gasthof Bachhäusl, Hauptstraße, Di Ruhetag; Kastensteinerwand-Alm, Ruhetag(e) je nach Wetter, (InfoTel. 08652/7168)

»A ruhige, besinnliche Stund, wie's im Berchtesgadener Land der Brauch is.« Seit 2001 spielen unter diesem Motto Sänger und Musikanten aus Bischofswiesen hoch über den Dächern ihres Dorfes auf. Schauplatz ist eine kleine Waldbühne auf der Kastensteinerwand, vis-à-vis der prachtvollen Berchtesgadener Gebirgskulisse.

Ein besonderes Erlebnis. Angekommen in Bischofswiesen, kann man mit dem Auto bequem zum Parkplatz der Kastensteinerwand-Alm hinauffahren oder zu Fuß in ca. 45 Minuten hoch laufen. Wenn Sie etwas eher da sind, ist sogar noch Zeit für einen Kaffee in der Alm, denn zur Aussichtskanzel sind es nur noch ein paar Schritte und ein Plätzchen lässt sich auch trotz mehrerer Hundert Zuschauer ergattern.

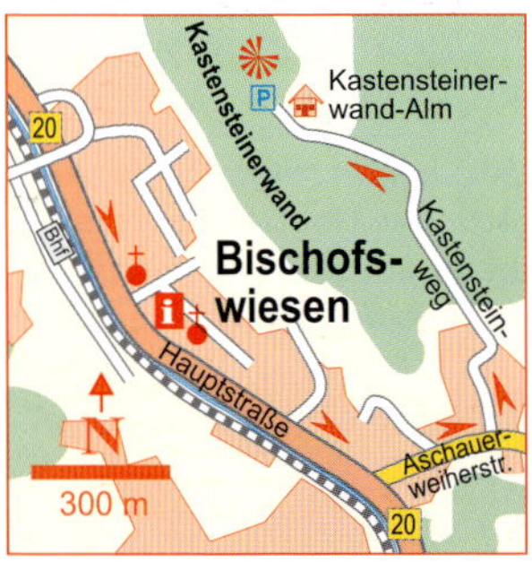

Ein erhabener Blick von der Kastensteinerwand: Unten im Halbdunkel Bischofswiesen, dahinter verschwommen das Berchtesgadener Becken und rechts die Felsgipfel des Watzmanns im Abendhimmel.

In der Mitte der kleinen Waldlichtung steht eine Schutzhütte, umringt von terrassenförmigen kleinen Hängen. An der Westseite öffnet sich eine grandiose Aussicht: unten das Dorf Bischofswiesen, im Hintergrund das weite Berchtesgadener Becken mit umgebenden Gebirgsmassiven, vor allem der Watzmanngruppe und dem Stock des Hohen Göll.

Allmählich trudeln die Bischofswieser Künstler mit ihren Instrumenten ein und verteilen sich im Halbrund. Neben Gesangsgruppen und Solosängern zählen auch Alphornbläser, eine Bläsergruppe und eine Stubenmusi dazu.

Um 16 Uhr führt ein Sprecher ein, dann fangen die Gruppen an, zu musizieren. Jedes Ensemble trägt in der Folge mehrere Stücke vor. Es entsteht eine ausgesprochen stimmungsvolle Atmosphäre: das warme Licht des Nachmittags geht in Dämmerung über, der Wald vermittelt Geborgenheit und gibt durch brennende Fackeln ein romantisches Bild ab. Stille Weisen erklingen, einmal nicht – wie gewohnt – in der warmen Stube, sondern in freier Natur. Je dunkler es wird, desto schärfer heben sich die Felspyramiden des Watzmanns gegen den Abendhimmel ab. Dem zufriedenen Gesichtsausdruck der Besucher nach zu schließen, war dieser Abend in den Bergen ein besonderes Erlebnis am Ende der Weihnachtszeit.

Bild oben: Weihnachtliche Romantik auf der Kastensteinerwand – die kleine Waldbühne als Kulisse für die Bergweihnacht.

Bild links: Die Bischofswieser Alphornbläser in Originaltracht spielen zum Auftakt.

Bild unten: Stubnmusi in freier Natur – die Wandei Musi aus Bischofswiesen macht's bei der Bergweihnacht möglich.

Herbst in den Bergen ist auch die Zeit des Viehabtriebs, wie hier auf der Straße zum Tatzelwurm, wo prächtig aufgekranzte Rinder dem heimischen Hof zustreben.

Register

A

B